生きなおす、ことば

書くことのちから
——横浜寿町から

大沢敏郎

太郎次郎社エディタス

歩く人は、かならず、歩くことを学ぶ。歩行によって道をつくることを覚える。
歩くことで、目指す理想を再形成し、さらに確かなものにしていくことを、
人は学ぶのだ。

——パウロ・フレイレ（『希望の教育学』里見 実＝訳から）

目次

二枚の写真——まえがきにかえて

今、手もとに二枚の写真がある。横浜・寿町の識字を創りだした長岡長一さんの写真だ。長岡さんは、一九九七年一月十一日に肝臓癌で亡くなった。

一枚は、長岡さんが識字をはじめた前後の、三十九歳か四十歳ころのものだと思う。当時、長岡さんが住んでいた簡易宿泊所・永楽荘で写されたものだ。この写真は、ぼくが識字をはじめて三年ほど経ったとき、永楽荘の彼の部屋で「預かっておいてくれ」と言って手渡されたものだ。どこかのデパートの包装紙に包まれた厚さ五センチ、三十センチ四方ほどの箱状のものだった。「預かっておきます」と言って、そのまま家に持ち帰り、大事なものだろうと思って、中身を見ることもなく、本棚の上に置いておいた。いつ「返してくれ」と言われるかも気がかりで、いつ言われても持っていけるようにというこころづもりであった。

しばらくして、その中身を彼に聞いたところ、「あれは、親父とお袋の写真の貼ってあるアルバムだよ。開けてみていいから、預かっておいてくれ」と、もういちど言われた。そして、二十年ぶりに、子どものころ住んでいた福島県いわき市の田人《たびと》村に帰って、親に会ってきたことを話してくれた。

家に帰って開けてみたところ、たしかに両親や牛のいる農村の風景が写っていた。彼と後添いの母親との仲睦まじい写真もあった。アルバムのなかには、彼の戸籍謄本もはさまれていた。

だれが写したのかわからないが、そのアルバムの最後のほうに、殺風景な部屋の白っぽく塗装されたコンクリート壁を背にした、長岡さんの写真が貼られていた。髪は短く、髭《ひげ》をはやし、精《せい》悍《かん》な顔つきで横を向いている。

長岡さんは、識字をはじめたころ、精一杯の叫び声とも思える、ひとこと、つぎの文章を書いた。


文字のよみかきのできなかたときは　まいにち　かべにむかて　にらめこしていました　こころがさみしくてしかたなかた

この写真と重ねあわせながら、今も鮮明に思いだすことができる。ぼくが寿町で出会った、識字の最初の衝撃のことばだった。長岡さんにとって、文字の読み書きのできないことは、壁に向かってにらめっこをしている毎日の生活だったというのだ。毎日の仕事をしながら、でもこころは、どこへも動きようのない「壁」に囲まれつづけていたのかと思った。文字の読み書きのできないことによって、どんな毎日を、どんな自分を生きてきたのかと思った。それこそこころの晴れる日は一日もなかったのではないか、と。

写真は、外光がさしこんで、いくらかの希望につながっているように見えるが、重く険しい。この写真を見たとき、長岡さんにはたいへん失礼であることを許してもらうこととして、ぼくは「狼のような顔」と思ったことも事実だった。

寿町で、おれは二日間しか学校に行っていないから、あ・い・う・え・お、から字を教えてくれと言った長岡さんの三十九年間は、軽い言いかたになってしまうが、ほんとうにさみしすぎると、そのとき思った。これが、ぼくの寿町での識字のスタートだった。

ぼくもそうであったが、文字の読み書きのできる人たちにとっては、文字の読み書きができないことが、生活領域や精神領域や社会領域や人間領域のすべてが「壁」にかこまれていることであるなどとは、おそらくいちども考えたことがないと思う。にらめっこしているそれら一つひとつの「壁」は、さみしくてしかたなかっただけではすまない、どんなこころの風景だったのか。

もう一枚の写真は、識字学校の十五周年記念（一九九三年十二月）のパーティで、長岡さんが前の壇上にでて、あいさつをしているときのものだ。五十四歳だった。眼光の鋭さは変わらないが、ごく自然なおだやかさと覇気を感じることができる。自分にとって識字とはなにかを話してくれていた。全身からなにかがあふれているようにみえる。それは、獲得した文字なのか、ことばなのか。あるいはもっとほかの、ことばにならないなにかなのか。ぼくは、そのことばにならないなにかがあふれているような気がしてならない。

ことばにすると消えていってしまうようなもの。ことばにすると自分ではない自分を語ってしまうようなもの。ことばにすると自分の生の全体が見えなくなってしまうようなもの。ことばにすると心身を彩る風景が崩れていってしまうようなもの。文字の読み書きができなかったときの、さみしさや怒りや腹立たしさや悔しさや哀しさやうれしさや楽しさ、また、自分を打ちのめしたことばや仕草、自分をあたため励ましてきた心象のできごとが、ことばにならないなにかになっていたのだろうか。

あいさつを聴きながら、いくらかの「壁」は取りはらわれつつあるのかと思った。こころのさみしさは、いくらか埋められていったのか。

「おれは、文字の読み書きのできなかったときは、女の人を好きになってはいけないと思っていた」と語ってくれたことがあった。文字の読み書きができないということは、どういうことであるのかを考えつづけ、いくらかはわかったつもりになっていたぼくにとって、このことばも、衝撃であった。

そのパーティには、識字をはじめて五年めごろからいっしょに生活するようになったお連れさんと二人の子どももにぎやかに参加し、お連れさんは、篠笛も吹いてくれた。上の女の子がまだ小さかったとき、絵本を読んでやったという話も聞いた。二人で、かるた取りに興じている場面も見た。識字の席に、二人が並んで座っていたこともあった。

手もとにあったこの二枚の写真から、なにかがわかるわけではない。でも、ぼくのなかで、この二枚の写真は、ぼくにとってもことばにならないなにかとなっている。

これは長岡さんにかぎらず、識字をするすべての人たちにとっての、ぼくもふくめた、おたがいの未知の領域なのかもしれない。なにがあり、なにがでてくるのかわからないのが識字だと、ぼくは思っている。人間の生きてきたこと、そして、生きていくことを、そう簡単にわかってはならないと、自戒をこめつつ、二枚の写真をまえにしている。

長岡さんも今はもういないが、寿町の識字に出席していた人たちの何人かが亡くなっていった。これは不謹慎なことかもしれないが、ぼくは、亡くなった人たちの通夜や葬儀にはでないことにしている。病院に入院しているときなどは、時間の許すかぎり顔を見にいくが……。それらの人たちにたいして、あきらかに不十分な識字しかすることができなかった自分が苦々しいからだ。どのつらさげて行けるのかということと、識字のなかや、そのほかの場面で見せてくれたさまざまな表情を、そのまま、ぼくのなかにとどめておきたいからだ。ぼくにとって、終わらせることのできなかった識字を、忘れず、いつも記憶しつづけること。それを、それらの人たちにたいする、ぼくの精一杯の誠実と哀悼にしていきたいからだ。

長岡さんの通夜や葬儀にも、ぼくは、行かなかった。怒っているだろうな。ごめん。おたがいに、よくけんかをし、長いあいだ口をきかないこともあった。でも、識字のことは、それをする基本的な姿勢、こころ構えなど、たくさん教えてもらった。まだまだ長岡さんとの識字は、つづいていくよ。おれは、死んだから、もう終わったなどとは、太い考えだ。ぼくも、そっちに行ったとき、また懲りずに識字をはじめるから、覚悟して、しっかりこころと鉛筆の芯を磨いて待っていてくれ。

二枚の写真、ありがとう。

1章 呼びもどす、ことば

心ふかく人間のこととして

一九九九年

学ぶことの志があつまれば

一九九八年の暮れ、寿識字学校の満二十年を記念して、〝横浜・寿識字学校二十周年記念の集い〟というささやかな集まりをもった。今の自分と寿町での識字をふりかえりながら簡単な案内文を書いた。日本のなかでの識字の説明もふくめて、すこし抜き書きをする。

国連のユネスコによって一九九〇年、十年間のプランで〝国際識字年〟が、そして、一九九五年、〝人権教育のための国連の十年〟が提唱されました。どちらも、識字学習・運動を重要な課題として位置づけています。学校教育から排除され切りすてられたことによって、教育をうけることができず、文字の読み書きをできなくさせられた人たちが、成人して新たに文字を自分のものとし、かつて文字の読み書きのできなかった自分をふりかえり、新しい自分を生きることとして識字学習・運動があります。

昨年、五月に亡くなったブラジルの成人識字教育の実践・理論的指導者のパウロ・フレイレは、ブラジルの被抑圧者としての民衆の強制された存在そのものを〈沈黙の文化〉と言いました。その文化を打破するものとして識字実践があり、それを通して意識化あるいは人間化の道すじが提示されたわけです。翻って日本の識字のことを考えるとき、フレイレの提示した〈沈黙の文化〉とはその中身を異にしますが、日本の、文字の読み書きをできなくさせられた人たちの状況は、もう一方の〈沈黙の文化〉の世界かと思います。ぼくは、その日本の〈沈黙の文化〉のなかにこそ、人間としてのもっとも良質で未知のたからものが埋もれているのだと思います。

日本の部落解放運動・解放教育の礎石として、一九六〇年代の初頭に九州・筑豊の炭坑地帯からはじまった識字学習・運動も、四十年ほどの歴史をつみかさねてきました。先達の歩いた道にはまだまだ遥かに遠いのですが、その最後尾に位置して、なんとか継続することができていること、なによりのことと思っています。

横浜の寿町で、一九八〇年の六月、私自身が識字をはじめたとき、自分の一生の仕事とは考えていましたが、どこかで私のちからのたりなさによって無様《ぶざま》に空中分解するのではないかと予測をしていました。しかし、どうにかもちこたえることができているのは、やはり、毎週、識字に出席する人たち、そして、その人たちをとりかこむ多くの人たちのちからが持続の原動力となっています。なんの強制力もなく、まったく自主的につづけることができているのも、その人たちのちからがあったればこそと思っています。そして、もう一方から言えば、寿町には、寿町の人たちには、識字学習・運動を持続させるちからが、もともと内包されているのだと思います。人間の学び、生きる無限のちからだと思います。いい場所で、学びをつづけることができていること、これも深い感謝です。

識字をとおして、その原動力のほんとうにさまざまな多くの人たちに出会うことができました。予想もしない人間の生きるすがたの底の深さというか、厚みというか、ふところのゆたかさをたくさん学ぶことができました。精神のまずしさをきびしく指摘され、ただしい人間の生《い》き道《みち》を教えてもらったように思います。人間、独りでできることなど、たかが知れています。でも、誠実に学ぶことの志があつまれば、新しい世界が確実にひらけていくのだということもわかってきました。識字学校のなかの人の、人間のちからのつみかさねを誇りに思っています。

明治以来の近代学校は、そして戦後教育は、人とつながって生きることを教えてくれませんでした。被差別部落とつながること、在日朝鮮人とつながること、「障害」者とつながること、沖縄、アイヌとつながること、滞日外国人とつながること、そのほか、まだまだたくさんありますが、日本のなかで被差別の状況におかれている人たちとつながって生きることを、ほとんど教えられてきませんでした。学ぶことも、教えられることもなかったにもかかわらず、それらの人たちにたいする予断や偏見だけは、しっかりと身につけてきました。教えてもらわなかったことは、自分のちからで学ぶしかないと思います。それらの人たちとつながって生きることを、この二十年間、ほんのすこしですが、寿町の識字のなかで学ぶことができたのではないかと思っています。この学びは、おのれの身をけずりながら、まだまだつづいていくのだろうと思います。

多くのとりかえしのつかない失敗をしました。識字は、一人ひとりのいのちにかかわることですから失敗など許されないのですが、失敗して人のいのちとひきかえに教えてもらったこと、学んだことは、しっかりとからだの底の重しにしていきたいと思っています。

また、識字に通いつづけ、あるいは識字をまわりからささえつづけてくれていた多くの人たちが亡くなっていきました。だれもが、志なかばの悔しい最期だったろうと思います。その人たちにとって、寿町の識字は、ほんとうに生きる糧になったのかどうか、いつもふりかえっています。亡くなっていった人たちが二十年のつみかさねの歴史をつくってくれています。ちから及ばなかったことを、寿町の識字のちからにしていきたいと思います。それらの人たちが、さまざまな場面でみせてくれた、なつかしい身ぶり、なつかしい笑顔をいつも想いだしながら、識字をつづけていきたいと思います。

文字を学ぶこと、それ以上に人間を学ぶこと

記念の集いには、二十代の若い人たちもふくめ、下は二歳から上は八十歳までのさまざまな人たちが六十名ほど参加した。知らない人がみたら、まったくわけのわからない〝奇妙な〟集まりにみえたにちがいない。年齢もさまざまなら、その職業も、失業中の人や生活保護をうけている人やフリーターや学生や日雇労働者や教員や公務員やサラリーマンや外国人労働者などと、これまた多岐にわたっていた。参加者の一人ひとりが受付で記名した順（ランダム）に司会者に指名

されて、自分の今の想いを語っていった。用意した文章を声をつまらせて読みあげる人もいた。俄《にわ》か通訳を介して話す人もいた。それが、休憩もはさんで四時間ほどつづいた。ぼくは、全員がどんな人たちであるのかは知っているが、多くの人たちがおたがいに初対面であった。

長時間で、話がとぎれるのかと思ったら、それは深くつながっていった。初対面ではあったけれど〝識字〟を軸として、それぞれが自分の大切な話を自分のちからで語りつなげていってくれた。個々それぞれに自分の生育・来歴と、語る人の生育・来歴を重ねあわせて共感していたのではないか。目にみえないことばの風景・背景を聴きつづけていたのではなかったかと思う。ぼくは、それを聴きながら、重い生育・来歴の風景・背景を背負いながら個々それぞれにたどりついた位置に想いをはせていた。それは、一人ひとりが自分の識字のちからでたどりついた位置だった。日本のなかでの識字は、文字の読み書きを自分のものとすると同時に、自分という人間の読み書きをあきらかにする（ラディカルに人間を学ぶ）ことではないのかと思っている。

寿町の識字は、だれが席についてもかまわない全公開の識字（共同学習の場）として、毎週、金曜日の夕方六時から約三時間、街のなかの寿生活館の四階の小さな会議室を使っておこなっている。その場で、寿町の日雇労働者をはじめとして、ほんとうに多くの人たちに出会うことができた。多くの人たち一人ひとりに出会うことによって、ぼくという人間そのものが問われつづけた、ぼくにとっての識字であった。

知識として頭につめこんできた被差別部落や在日朝鮮人や「障害」者や沖縄やアイヌや女性のことなど、日本のなかの被差別のがわの人たちのことが、それらの人たちと直接に出会うことによって、凝固しさめきった知識に血がかよい、少しずつぬくもりがもてるようになっていった。そして、それは、ぼくのうけたまずしい「戦後教育」がつぎつぎに崩されていく過程でもあった。

当初、ぼくは、識字はまず文字の読み書きを身につけることという浮薄なことにひきずられ、予感はしていたものの、文字の読み書きを自分のものにしようとする人間のことが視えていなかった。今、十分にそれが視えているかというとそうではないが、ふりかえって考えると、とても恥ずかしいことであった。辛抱づよく、識字に出席する人たちが、ぼくという人間を鍛えつづけてくれたのだと思う。

五十音のことばの履歴書

ぼくが識字に通いはじめて一年にも満たないころ、ぼくの識字をする姿勢を根柢からくつがえし、ただしてくれた当時五十六歳の梅沢小一《こいち》さんがいる。ぼくの識字の道すじもふくめて、梅沢さんとのことをすこしたどってみる。

梅沢さんは、群馬県の利根川沿いの小さな村で生まれ、尋常小学校の高等科まで通った。小学校の入学式には、家の生活のきびしさのため、男の子であるのに、お姉さんのお下がりのスカートをはいていった。お母さんは、けっしてそんなことはさせたくなかったと思うが、仕方がなかった。入学式から教師や子どもたちに排除されつづけ、その学校生活は惨憺《さんたん》たるものであったことを、のちに話してくれたことがあった。学校に行けば、からかわれけんかをし、廊下に立たされつづけた六年間であったという。勉強など身をいれてすることはできなかった。

そんな梅沢さんが、誘われて識字に来ることになった。しかし、いろいろ理由をつけて（腹が痛い、かぜで熱があるなど）、部屋のまえまでは顔をみせてくれるのだが、なかなか中にはいることはできなかった。

二か月ほどがすぎたあるとき、いつもと同じようにからだの具合が悪いから休ませてほしいと言いにきた。ちょうどその日は、五十音表から短いことばをつくる（五十音をＢ４判の自家製原稿用紙に三段に分けて横書きにし、一つの音に五マスをとって「あ」から順番にことばをつくっていく）勉強をしているときだった。「初めから教えてほしい」と言っていた梅沢さんに（この「初めから……」には深い意味があると思っている）、「きょうはこれをしていますが、どうですか」と聞いたら、梅沢さんは「これならできる」と言って、すっと席につき（ぼくは、梅沢さんは五十音は書くことができるであろうと思っていた）、考えながら、ぐんぐんことばをつくっていった。

しかし、最後に「へ」がのこり、梅沢さんは長考にはいった。考えに考えたすえに梅沢さんが「へそくり」と書き、みんなが安堵の歓声をあげた。梅沢さんが「へそくり」をしたことがあるかどうか知らないが、あたたかいことばだった。

あるときからぼくは、この五十音からのことばづくりを「五十音の履歴書」と思うようになった。というのは、ぼくが五十音からことばをつくれと言われたら、それこそいいかげんに適当なことばを羅列するだけだが、かつて文字の読み書きのできなかった人たちは、そうではない。識字に来て、五十音をだいたい書けるようになったとき、ぼくは、この五十音からのことばづくりの素材をだすことにしている。文字を自分のものとした人たちは、自分の生きてきた歴史のなかでの大切なことばを書きこんでいく。

たとえば、ある女性がこのことばづくりをしたとき、「にんにく」と書いた。ぼくは、在日朝鮮人かと思って聞いたら、子どものころ朝鮮に住んでいたと言って、そのころの生活のようすをくわしく話してくれた。「たんこう」「しがま（つらら）」「きんつば」「さしあみ」「くまがわ」「あかいらんどせる」「あさりうり」「ちしゃな」など、子どものころの風景や食べ物や親の仕事や憧れやふるさとが五十音のことばとなり、だいたいその人がどんなところを生きてきたのかがわかる。

こんなふうにして、梅沢さんとの識字がはじまった。三か月ほどして、そろそろなにか文章を書いてみてはと思い、短文をつくってみることにした（太字のことばを提示した）。

＊**はる**は、はるでも、はださむい日があります。

＊**じぶんのかお**は、いくら、ていれしてもこれいじょう、よくなりません。

＊**むかし**わたくしは、ちいさい、ときは、がきだいしょう、でした。

＊**ちち**は、わたしが、にさいのときになくなったと、ははから、ききました。

＊**はは**は、八十六さいで、なくなり、わたくしは、なくなる、まえ、七年かん、めんどうを、みました。

＊**ゆめ**ばっかり、みても、なかなか、じっこう、できません。

＊**こころ**の、なかは、いつも、まよいばっかりです。

今　私がなみだがでてきたので

梅沢さんは、こういう七つの文章を書き、みんなのまえで読んだ。ぼくは、そのときもすこし聞いたが、日雇労働をしながらどのようにして、七年間もお母さんの面倒をみたのだろうかと思った。わからないまま、もうすこしくわしく知りたいと思い、つぎの週の識字の時間にそれを書いてもらうことにした。用意した〈課題〉は、つぎのものであった。

八十六才《はちじゅうろくさい》でなくなったお母《かあ》さんのことを書《か》いてください。七年間《しちねんかん》めんどうをみたときのことや、今《いま》も心《こころ》にのこっていることなど、おもいだして書《か》いてください。

ぼくは、今の梅沢さんの書くちからとしては、せいぜい識字の用紙（B4判の用紙に十九行の縦のけい線を入れたもの）二枚ぐらい、三枚も書いてくれれば十分だと思った（これは、ぼくのたいへんな差別性であった）。梅沢さんは〈課題〉を読んで、「書ける」とひとこと言って、用紙に集中していった。

おかあさんの、ことを、はじめに、かきたいのですが、私くしが、小さいときのころから、かきたいと思います。

という書きだしで、文章がはじまっていった。梅沢さんは、結局、その日、用紙三枚を書き、「まだ書くことがある」と言って、それから五日間をかけて用紙二十枚の文章を完成させた。ぼくは五日間、毎日、寿町に行って梅沢さんの書きあげた文章を三枚、四枚とうけとっていた。机のない自分の部屋で台をつくり、その上で書いたり、寿生活館の子ども図書室を借りたりしながら書いたものだった。

マグロ船に乗って南アフリカへ一航海して帰るとちゅう、お兄さんが危篤という無線が船にはいり、そのころ家族が住んでいた岩手県の宮古に急いでかけつけてみると、お母さんがいなかった。養老院にはいっているということだった。すぐ養老院に行き、手続きをすませてお母さんを連れだし、その足でそのまま京浜蒲田にきて、川崎で仕事をはじめた。

川崎おふりだしに。てんてんとトビウオのように目まぐるしいせいかつがはじまりました。けいひんちくおまわり。ながれながれて。さいごにおちついたところは神奈川県伊セ原市岡崎のゴルフセンターのそばのしゃくやずまいでした。おかあさんもとても。よろこんでいるようでした。もおおかあさんにもあんしんさせようと思い二人でもうここからでて行かなくていいのだと、いふとてもよろこびました。二人ともしづかなところえきてひさしぶりに二人でコーヒおのみました。あんなにおいしいコーヒははじめてでした。きんじょう《（近所）》のあいさつおしろと母にいわれあいさつにあるきました。

そして、梅沢さんは、毎朝、お母さんの一日の食事の準備をして仕事にでかけた。

あさ家おでるとき。おかあさんがきおつけていつてこいよというと元氣がでました。まいにちまいにちがたのしかったです。

おかあさんわ　花がとてもすきなことおしっているので　きんじょうにおてらがあり四月にわさくらのはなみに。もう足がだいぶよわったので。おうやさんからりやか《（リヤカーを）》おかりて花みにいつたら。なみだおだしてよろこびました。今　私がなみだがでてきたので。ちょとやすみます。五月十日　よる

お母さんもからだが弱くなり、老人性痴呆症になっていった。

でもいつも。はらう《(わらう)》ことばっかりありません。ふねのしごとでおそくなるといらいらして。あたるところがなくておふくろに。どなったり。しごとがなければ。ものにあたったり。パチンコや。けえりんで。まけてかえると。たたいたり。目の上おくろく。したこともあります。ほんとうに。ばちあたりでした。まだおもいだしたら。いろいろな。ことがあります。ほとけさまに。もう一どあやまります。おかあさん。かんべんして下さい。今からなんべん、あやまっても。もうおそいのですが私しにとつて今は心でそおうおもうばつかりです。

梅沢さんの打つ点は、読点などというかるいものではなく、つぎのことばに向かう大きな息づかいの聴こえることばだった。文章全体は、お母さんにつらくあたったことやできなかったことにたいして謝りつづけるものであった。そして、お母さんが亡くなっていった。光子さんは、横浜の鶴見区に住んでいる妹さんだ。

光子がはやくきてくれればいいなと思ったら。おもてのほうで兄いさんとおおきなこえがきこえたので光子はやくとおおきなこえでよびました。光子がまくらもとにすわるか。すわらないうちに。ねむるようにいきおひきとりました。おかさんと大きなこえでおもいきりなきました。

があぜで水をふくませ。しに水おとりました。光子わ兄さんおちついてこんごのことおかんがえようといい元氣おつけてくれました。やつぱり。きようだいだと。つくづく思いました。私くしわもともと。しんけいひつで。たんぱらで光子も。きんじよの人もしつているので。二ばん。おかあさんのそ

ばでねました。だれも。なにもいわなかつたです。（傍点は筆者）

そして、最後をつぎのように結んだ。

今私がかんがえると。お母さんはなん十ばいなんびやくばい私くしのことお思っていたとおもいます。いまでもおそくありません。ここでも一どあやまります。お母さんかんべんして下さい。こうして。むかしのことお。おもいだしていると。いなかがめのまえに。うかんできます。まだまだ。おもいだせばきりがないので。このへんでかんべんして下さい。これだけのぶんしようおかいたのはうまれてはじめてでした。

その四文字のために梅沢さんは書きつづけた

抜き書きで梅沢さんの意をただしくつたえることができなくて、梅沢さんに申しわけないが、この二十枚の文章をつぎの週の識字の時間に、梅沢さんに「先生」になってもらい、みんなのまえで読んでもらうよう頼んだ。

緊張して、みんなのまえに設けられた長机の椅子に座り、読みはじめた。またたくまに涙があふれ、何度も声をつまらせ、歯をくいしばりながら読みすすんでいった。そのすがたは、梅沢さんが自分の書いた一つひとつの場面に、今いるかのように、聴いている人たちをもひきずりこんでいった。

ぼくは、五日間、寿町に行って梅沢さんの書いた文章をうけとっていたが、ひとつだけ読みかたのわからないことばがあった。それは、お母さんが亡くなっていく場面に書かれていた「おかさんと大きなこえでおもいきりなきました」の〃おかさん〃だった。それ以前は「母」や「おふくろ」や「おかあさん」などと書かれているのに、ここだけはどう読むのかわからなかったから、この部分をうけとったとき、梅沢さんにどう読むのか聞こうとしていた。しかし、梅沢さんの書く勢いに圧倒されて、聞けずじまいになっていた。ぼくは、梅沢さんが、そのことばをどう読むのかに、神経を集中させて聴いていた。

梅沢さんの涙声が、ピンとはりつめた部屋にひびき、十七枚目のその場面になった。大きく息をすいこんだ梅沢さんは、今、亡くなっていったお母さんを呼びもどそうとするかのように、机から身をのりだしてのぞきこみ、部屋が割れんばかりの大きな声で「おっかさーん」と叫んだ。全身のちからをふりしぼった長い余韻の叫び声だった。

不意をつかれ、ぼくは、一瞬、なにごとが起こったのかと思った。ぼくは、胸がどきどきし、「ああ、どう読むのかを聞かなくてよかった」と思った。梅沢さんは、お母さんに謝りつづけ、そして、この叫び声で叫びたかったがために、この二十枚の文章を書いたのだと思った。梅沢さんはそんなことをする人ではないが、ぼくがどう読むのかを聞いていたら、ひょっとするとその二十枚の文章は、ぼくの目のまえで破りすてられていたかもしれない。

学校教育をそぎおとしながら歩む

三十分ほどをかけて読み終わった梅沢さんにお礼を言ったものの、ぼくの頭のなかは空白であった。でも、なぜかさわやかだった。なぜ、こんなにさわやかでさっぱりとした気持ちになっているのだろうと思った。そして、気づいた。「ああ、これでおれのうけた学校教育は終わったのだ」と思った。

象徴的に言えば、ぼくのうけた学校教育は、この〝おかさん〟をみたとき、促音の「っ」や「あ」を入れることだった。梅沢さんの書く勢いに圧倒されていなければ、きっとこのことを言っていたはずだった。その人の生きてきた歴史や、その人が大切にあたためてきたかけがえのないたからものを無惨に踏みにじって、踏みにじったことを自覚もせず、素知らぬ顔をしていることができるのが、ぼくのうけた学校教育であった。

この梅沢さんの〝おかさん〟の叫び声を機に、ぼくは、寿町の識字では漢字や文章に手をいれることは、いっさいやめることにした。漢字などを聞かれれば黒板に書きはするが、それ以外のことはなにもしないことにした。識字だから文字や文章をきちんと教えないとダメだという声を何度も耳にしたが、ぼくには、もうそんなことはどうでもいいことだった。文字の形や文章のすわりぐあいを見たいと思わなくなった。その人のそのままの文字や文章から、こころ深い人間に出会いたいと思うようになった。そうすることによって不都合なことはなにひとつ起こらず、むしろ識字のはばがひろがり、おたがいの出会いやつながりが本質をはずさないゆたかなものとなっていった。

寿町の識字では、識字の時間の最後に、出席した人が、自分の書いた文章をみんなのまえで読むのであるが、そのときぼくは、一人ひとりの人の読む声や表情や動作を、自分のちからで精一杯うけとめていくことにした。

これは、外国語としての日本語を学んでいる在日朝鮮人の一世のオモニたちとの識字においても変わりはない。あとに紹介するが、当然のこととして、オモニたちの書く日本語には固有のものがある。この固有さによって、親も子も孫もどれだけ痛めつけられ、生《い》き道《みち》をとざされてきたことか。ぼくは、この表現の固有さこそが、一世のオモニたちの在日の歴史であり、辛苦の文化だと思っている。

識字をする姿勢として、もうひとつ、寿町の識字から学校教育的なものを排除していくことがある。梅沢さんが書き、そして叫んだたった四文字の「ひらがな」によって、ぼくのうけた学校教育は崩されたわけであるが、識字のふるいにかけられたとき、日本の学校教育のもろさは一目瞭然のこととなる。骨の髄までしみこんだ学校教育をいかにしてそぎおとしていくのかが、ぼく自身の識字の大きな課題である。

梅沢さんに出会わなければ、寿町の識字が、ではなく、ぼく自身が、もっと早くつぶれていたと思う。ぼくのちからでは予想も想像もできない、底深い人間の生きるすがたを教えてくれる多くの梅沢さんたちがいる。

一歩をきざむ人びと

二〇〇二年

三畳のドヤでの「寿寺子屋」からの出発

寿町での識字の歴史というか、人と人がつながっていく流れを、その折々の文章やできごともふくめて、すこしたどっておきたい。

横浜・寿識字学校は、一九七八年十二月一日に「寿寺子屋」として、当時、三十九歳の長岡長一さんの住んでいた簡易宿泊所・永楽荘の三畳ほどの一室から誕生したという（ぼくは、一九八〇年六月二十日から参加したため、聞いた話である）。三人の識字学習者と三人の識字共同学習者（講師・教師など）でのスタートであった。

当時、街の労働者や支援の人たちを中心にして自発的にひらかれていた「寿夜間学校」があった。そこでは、それぞれに自分の生きてきた歴史を語ったり、政治や経済の構造分析、日本の文化、さらには身近に起こった問題などについて自由に討論されたりしていた。そこに、最初に識字に参加した長岡長一さんや中村武夫さんや加藤孝さんなども顔をみせていた。夜間学校は、その日、担当になった人が討論の資料などを準備していた。

あるとき、長岡長一さんが、そのころ夜間学校を主宰し、横浜市の市職として街の人たちの生活相談をしていた野本三吉さんに、おそらく長岡さんにとってあとにもさきにも生涯〝一度〟だけの頼みであったことを訴えた。長岡さんは、夜間学校でくばられる資料や黒板に書かれる文字を読むことができなくて、「おれは、二日間しか学校に行っていない。だから文字の読み書きができない。あ・い・う・え・お、から字を教えてほしい」と言ったという。この長岡さんのたいへんな勇気と決意にうながされて、寿町の識字学習ははじまっていった。

ぼくが参加した一九八〇年六月には、出席する人が増え、長岡さんの部屋ではせまくなり、同じ寿町にある「丸光マンション」の四階の六畳ほどの和室に移っていた。毎週、七、八人が出席していた。小さな黒板も用意されていた。名称も「寿労働夜間学校」となっていた。この時期の出席者は、野本さんが生活相談をするなかでわかった、読み書きのきびしいと思われる人たちだった。それから数年して、このマンションのオーナーである金《きむ》孟任《めんにむ》さんも、在日一世のオモニとして初めて識字に参加することになる。金さんは、そのマンションの二階に住んでいて、識字はその二つ上の部屋でやっていたわけだ。そのことを金さんに話すと、「どうして、それを早く教えてくれなかったのですか」と何度も言われた。

そのころの毎週の識字は、読んだり、書き写したり、話しあったりする素材として、街の労働者の文章や詩や短歌や俳句や短い文章を準備していた。まだ自分の文章を書くということはできていなかった。ぼくにとっては、はじめたばかりということもあって、驚くことばかりであった。学校に通うことができなかったことや、親に捨てられ施設で育ったことや、文字の読み書きができず仕事を転々とせざるをえなかったことなどを、涙を膝のうえにボタボタ落としながら話してくれるのを、ただ聴くしかなかった。驚くとともに、ぼくにとってショックなことばかりであった。話を聴きながら思ったことは「よくぞ、この人たち、ここまで生きてきたな」という感動でもあった。そして、このような人たちと識字学習ができることに歓びを感じていた。ぼく自身の「一生の仕事にしてもいいぞ」と、なにができるかわからなかったが、確信をもった。

〝一人を待つ〟ことから。「全公開」の識字として

一九七三年のオイル・ショックのあと、仕事のなくなった労働者が簡易宿泊所のドヤ代が払えなくなり、寿生活館の三階と四階に貸し布団を持ちこんで泊まりこんでいた。それを、寿生活館の管理責任者である当時の横浜市長・飛鳥田一雄は、機動隊を導入して宿泊者を排除し、寿生活館をロック・アウトしてしまった。一九七五年のことだった。この間のことについては、野本三吉著『寿生活館ノート』(田畑書店)にくわしく報告されている。

その後、街の人たちの横浜市当局との地道な交渉の積み重ねによって、ロック・アウトされていた寿生活館が一九八一年三月に再開されることになった。ぼくはその交渉のきびしい経過を聞

くだけであったが、再開されることは喜びたかった。

再開される生活館の四階、娯楽室の隣の部屋が会議室として利用できることになった。識字もその部屋を使ってやってはどうかということで話しあいになった。それまでは、かぎられた人たちだけが識字に出席していたわけであるが、その会議室を使ってするとなると、だれがはいってくるのかもわからない「全公開」の識字となっていくことになる。ことばは悪いが「隠れて」していた識字から、「白日の下」の識字になっていくのだ。こころないことばが防ぎようもなく投げつけられることは、あきらかに予測できた。

いろいろな意見がでたが、最後に、長岡長一さんが、「すずめの学校やめだかの学校と、おれはなにを言われてもいい。寿町のなかには、まだまだ文字の読み書きのできない人がたくさんいる。その人たちにおれたちが勉強しているところを見てもらうことによって、そのなかのだれか一人でもいっしょに勉強することができるようになったら、いちばんいい」と言った。ぼくは、この人はなんと理路整然とただしいことを言うのかと感動した。

ぼくにしてみれば、だれがはいってくるのかもわからないところで、さらに、だれがなにを言ってくるのかもわからないところで識字をやるよりも、「隠れて」やっていたほうがはるかに「楽」だと思っていた。そんなぼくのこころの底を見抜くかのように、長岡さんは、きっぱりと言ってくれた。この長岡さんのことばは、寿町の識字をささえ、ぼく自身のささえともなっている。そうなんだ、識字は〝一人を待つ〟ことなんだ、ということを教えてくれた。

ぼくはそのとき、だれになにを言われようと、なにをされようと、傲慢《ごうまん》ではあったけれど、識字に出席する人たちを守っていこうと思った。なにかを言われたり、なにかをされたりしたときは、識字に出席している人たちに応えさせるのではなく、ぼくがまず、それに立ち向かい、応えていくことを決めた。それに応えていくことが、ぼく自身の識字になるのだろうと思った。

一九八一年三月、寿生活館四階の会議室を使っての識字がはじまり、それは、今もつづいている。予測していたことは、すべて起こった。識字をしている時間に、外の廊下に「差別落書き」までしてくれていたこともあった。これには応えることができなかったが、わけのわからない識字学校（名称を「寿識字学校」と変え、〈文字の読み書きから人間を　寿識字学校　毎週金曜日午後六時から九時まで〉と書いたダンボールの小さな看板を部屋の外に掛けている）などというところに人が集まっていることに疑問をもつことは、当然のことであった。しかたのないことで、たとえそれが差別的な言動であったとしても、知らないことを正直に言ってきてくれたのだと思う。

はじめは、ぼくも余裕がなくて怒りがさきだってしまっていたが、怒りを抑えて応えることができるようになると、おたがいに穏やかな会話が成立した。そんな人が、「おれも座っていいか」などと言ってくれたときなど、お茶の十杯ほど、座布団の十枚ほど（椅子・机の部屋であるが）もだしたくなったものだ。

寿生活館での識字がはじまって五年間ほどは、これがつづいた。でも、怒りのさきだったぼくとのやりとりを、ゆったりと構えてニヤニヤしながら見物していた男性ばかりの、当時、三十代、四十代の現役の労働者たちが、ぼくをささえてくれていたことはまちがいないことだった。

愉快なこともつぎからつぎへと起こった。今、ふりかえると、愉快でおもしろいことになるのだが、当時は笑う余裕もなく、ぼくは、真剣だった。

毎週、金曜日が近づくと、だんだん胃が痛くなっていった。識字のなかでの男性ばかり七、八人の出席者との噛みあわないやりとりや、からだを揺らし酩酊気分の人との無為とも思える会話や、突然、部屋にはいってきて一方的に言いたいことをなんの脈絡もなく話しつづける人との応対に、胃は、さらに痛んだ。もちろん、そんなことばかりではない、ぼくの識字をする姿勢をただしてくれたすばらしいことが、たくさん起こったことは言うまでもない。

マンションの部屋でやっていたときのように、静かに文章を読んだり、書き写したり、だれかの言うことをゆったりと聴くというような状況ではなくなってしまった。静かにやっていても、突然の来訪者によってその静けさは一気に崩れていった。騒々しい識字で、まるで雑踏のなかでの学びのようだった。でも、そんな騒々しさは、ぼくだけが気にしていたことで、みんな涼しい顔をして学びをつづけていた。彼らにとっては、うんと静かな時間だったのかもしれなかった。噛みあわないやりとりと書いたが、ぼくの言う大切なことは、きちんと聴いてくれていた。

やりなおしのきかない、まっ向勝負のようないくつもの出会い

あるとき、菅原文太さんばりの(ぼくは、一回、東京の地下鉄で前の座席に座った菅原氏に出会ったことがあるので〝さん〟とする。昔、菅原氏出演の映画もよく観た)、二十代の短髪の青年が識字の部屋にはいってきて座った。

初めての人には、まず名前を聞き、それを黒板に書くことにしている。聞くと彼は「もろみざとやすのり」と言った。ああ、沖縄出身だなと思って「諸見里」と書き、「安則」は確認しながら黒板に書いた。沖縄からいつでてきたのかなど聞きながら、その日は終わった。その後、二、三回、顔をみせてくれたが、ぱったり顔をみせなくなってしまった。どこへ行ってしまったのか、と頭の隅には彼のことが残っていたが、記憶は薄れていった。

二年ほどして、突然、彼が識字の部屋にあらわれた。ニコッと笑って席につくと、開口一番、「おれの名前を黒板に書いてくれ」と言った。ぼくは、まだそのころ記憶力が衰えていなかった。黒板に「諸見里安則」と書いた。彼は、いたく満足気に、しかし、ひどく驚き、「やっぱり、先生はちがう。やっぱり、先生はえらい。ちがう、ちがう。よし、よし」などとひとしきり話して、でていった。それっきり、また顔をみなくなった。えらくも、ちがっても、よし、よし、でもない。たまたま覚えていただけだった。しかし、ぼくは、ぞっとした。彼は折り目ただしい静かな

人間であるが、もし、ぼくが彼の名前を黒板に書くことができなかったら、どうなっていたか。識字での熱いできごとは、ふいにやってくると思った。今、どこにいるか、沖縄に帰っていますか。もう彼も四十歳を超えたはずだ。また、黒板に、名前、書くよ。

また、あるときのこと。あとに書く広島で被爆した山口武彦さんといっしょに出席していた福島さんという人がいた。福島さんも長崎の稲佐山の近くで被爆した人だった。福島さんの素面《しらふ》のときに出会ったことはなかったが、そのときは、素面ででかけてきていた。肝臓をいため、腹水でお腹はバンバンに膨れあがっていた。あいさつをし、からだの具合はどうかとか、飲みすぎないようになどと、ごく普通のあいさつをしたつもりだった。

じっと下を向いてなにか考えているようすの福島さんは、静かに重く小さな声で言った。「おまえは、あいさつもできんのか。やっぱりつめたい男だ。やっぱり、つめたい」、と。ぼくは、なにか聞きちがえたのかと思って、ええ？　と聞きなおした。こんどは、ドスのきいた静かな声で「おまえは、つめたい男だと言ってるんだよ」と言った。迫力があった。ええ？　なにが、と問いなおすと、彼は、また下を向いて、じっと考えながら、ゆっくり、とどめを刺すように言った。

「おまえは、このまえ、長崎の集中豪雨の土砂崩れで亡くなった人に、お悔やみのことばも言えんのか。ひと言でいいんだよ。ひと言で。情けない」と、それは、ぼくの人格（あるのかどうかわからないが）のすべてを否定するような口ぶりだった。たしかに、四、五日まえ、長崎の集中豪雨で何人かの人が亡くなっていた。福島さんの憤懣《ふんまん》やるかたないという顔を見ながら、ぼくは、呆気《あっけ》にとられていた。そうか、あいさつは、やっぱり、きちんとせんとあかんな、とへんに納得してしまった。

寿町の識字は、いつもその人の出身県まで考えてやらんとあかんということを、福島さんの憤懣が教えてくれた。たしかに、福島さんの言うことが道理だった。そのときは、腑《ふ》におちぬまま謝ると（ひとつ、話に区切りをつけないと、えんえんとそれがつづき、識字なのか、なにをしているのかわからなくなり、胃の痛みも増すため）、「そうかわかったか。これからは気をつけて、あいさつしろよ」と、ご機嫌はなおった。寿町の識字は、藪から棒のようなことが、いつ起こるのかわからないのが魅力でもあった。

また、あるときのこと。陽にやけて、からだは小柄で痩せ型だが眼光の鋭い五十歳前後と思われる人が、識字の準備をしているとき、部屋にはいってきた。名前を聞くと、「溝端光夫」と言った。ここでなにをしているのかにはじまり、北海道からでてきたことや、全国のいろいろなところで仕事をしてきたことや、きょうも仕事に行って帰ってきたところだなどと、三十分ほど話をした。部屋のなかには、女子大学生などもふくめ十二、三人の人たちが席についていた。そろそろはじめようかと思って、溝端さんに「いっしょにやりませんか」と声をかけた。立ち話をしていたのであるが、一瞬、溝端さんの眼がさらに鋭くなり、ぼくの眼の奥にその光がとまった。なにかまずいことを言ったかなと思いながら、ぼくも、溝端さんの眼の奥をみた。おたがいに無言のまま数秒間がすぎた。彼は、突然、腹のあたりに手を当てたかと思ったら、一気に、自分のはいている作業ズボンを下までおろし、パンツひとつになった。左足が、ぜんぶ、義足だった。ぼくは、その足を見て「わかりました。ズボンをあげてください」と言った。彼は、ズボンをあげ、そのまま識字の席に座った。その場にいて、この光景を見ていた人たちは、びっくりしたことと思う。これが、溝端さんとぼくとの識字のはじまりだった。

それから溝端さんは、毎週、用事のないかぎり出席した。「おれは、おまえの前で、おれの人生をぜんぶ書く」と言って、子どものころのことから、軍隊の徴用で福岡県の飯塚の炭坑に行ったこと、そのとき、まだ少年で親と別れるのがつらかったこと、北海道に帰り、足をなくしたことなどを書きつづけてくれた。「預かっておいてくれ」と言われているので、その書いたものは、ファイルにして識字の部屋に置いてある。

溝端さんはそのころ、足の「障害」を伏せて、ほかの人と同じように仕事に行っていた。また、義足は福祉機関に請求すれば支給されるのであるが、溝端さんは、木製の足のかかとの部分が擦りへってしまっているのに、「もったいない」と言って、そこに新聞紙をつめこんで仕事に行っていた。溝端さんについては、たくさんのドラマがあった。溝端さんに叱られたというか、注意されたというか、怒鳴られた若い人は多かったと思う。でも、さっぱりとして、ゆたかな人間だ。

初めて出会ったとき、彼がなにを確認したのかわからないが、ぼくも、彼の人間のまっすぐさを学ぶことができた。今、名古屋に住んでいる。

蛮声の傑物、「隼人」のこと

その溝端さんもふくめ七、八名の男性たちと授業をしたときのようすを、「郷隼人の短歌・素描」と題して、ある研究集会で報告したので、それを引用してみる。郷隼人（ペンネーム）は、今、アメリカの刑務所に収監されている無期懲役囚であるが、朝日新聞の「朝日歌壇」に投稿しつづけている。獄中十九年、投稿し選歌された短歌は、現在（二〇〇三年五月）、二百四首ほどになっている。鹿児島県出身。一首だけ、これは、識字の世界だ。

老い母が独力で書きし封筒の歪んだ英字に感極まりぬ

ところで、寿町のなかで、多くの人に迷惑がられながらも愛されつづけた（そして、亡くなった）、通称「隼人《はやと》」、阿部道夫さんのことを、同じ「隼人」で思いだしてしまった。彼についての話は、どこを切りとっても含蓄があるのだが、引用のまえに簡潔に二、三の事柄を書く。

鹿児島県の出身で、旧制中学をでていて、あとにでてくるふんどしの話をする人だ。ふんどしを忘れて筑豊の炭坑にはいり、五〇年代末の総労働と総資本の闘いといわれた三井三池合理化反対闘争を闘い、全国を転々としながら寿町にきた。彼は、長期の出張仕事などで飯場にはいったときは、一滴のアルコールも口にせず、仕事のあと、読書をつづけていたという。稼いだお金は、月づき、きちんと鹿児島に送金していた。

仕事が終わって寿町に帰ってきたときは、そんなにアルコールは飲めないのに、目のさめているあいだ、彼の右手にはいつも缶ビールがあった。静かな人ではなかった。からだはそんなに大きくなかったが筋骨隆々でがっしりとしていて、歩くときは手をななめ四五度ほど横へ広げ、首を肩にしずませ、幅二メートルほどをつかって歩いていた。

ぼくは、バンセイ（とにかく腹の底からの割れるような声）というものを初めて聞いたように思う。百メートルほど離れていても、彼の声はよく聞こえる。仕事から帰ると、かならず識字にも寄ってくれた。

漢詩などを吟じながら（というより怒鳴りながら）識字の部屋にはいってくるなり、開口一番、「プロフェッサー・オオサワ、トコロテントイウ漢字ヲ黒板ニ書イテクレ」という指示がでて、「心太」と書くと、「ソウダ心ガ太イ、太イココロダ」と言って（これもまたつぶやきでなく）、半分ひしゃげた缶ビールの缶を振りまわしながら機嫌よく部屋をでていった。これは、何度もあった。ひょっとすると「心太」が彼の座右の銘だったのかもしれない。

八月の炎天の夏まつりのとき、奇抜なかっこうで彼が（もちろん右手に缶ビールをもって）あらわれた。縞柄のデカパンひとつの裸で、どこで調達してきたのか黒の革靴に靴下をはき、首にはネクタイを結んでいた。「コレガ究極ノサラリーマンノ姿ダ。世ノ中、コンナモノダ。コレデイインダ」といっそう声を大きくしていた。なるほど、と感動してしまった。

JR(彼はずっと国鉄と言っていた)の京浜東北線のなかでいっしょになったことがあった。バンセイをはりあげて車内のだれかれかまわず話しかけていた。ヤッテル、ヤッテルと思って見ていると、ついにぼくを見つけ寄ってきた(彼は目もいい)。「コラッ、オオサワッ、寿ヲ文化侵略スルナッ!」と車内の人たちにぼくを紹介するかのように叫んでいた。ぼくは、そんなつもりはまったくなかったが、名言だと思った。降りて改札口のところにきた。彼は、駅務室に向かって立ちどまり、「国鉄ノ低賃金労働者ショクン、ゴクロウサンデス」とバンセイをひと声かけて堂々と改札を通っていった。彼は、どこへ行くにもキップなど不必要だった。バンセイひとつでOKだった。駅員も最初は呼びとめた。しかし、呼びとめたら百年目、彼は待ってましたとばかり駅務室にはいり、業務が完全にストップするくらい、世界経済から日本の政治にはじまる多様な話を二時間でも三時間でも話しつづけるのだった。駅員も、そんな傑物であることはつゆ知らず、引きとめたことをわび、丁重に見送るのがつねだったという。

そんな嵐のような数日がすぎたある日、きょうはなにを言ってくるかと気持ちをひきしめて街にはいっていくと、新調した作業着に肩からバッグをさげた彼が静かに立っていた。ことばも静かに「オオサワ、仕事イッテクルワ」「そう、からだに気をつけて、また」。まなざしと右手の太い指と「心太」は、もう仕事に向かっていた。

余分な話になってしまった。報告を引用する。

百戦錬磨の労働者たちに鍛えられながら

一九八五年の秋ころだったと思うが、岩波新書の北畠宏泰編『ひとりひとりの戦争・広島』(一九八四年八月、岩波書店)に被爆の証言として収録されている小倉醇さんの「囚われの被爆記」と山下明さんの「二冊の手帳」を素材として授業をしたことがある。

小倉醇さんは原爆投下当時、広島刑務所に収監されていて、「囚われの被爆記」は、不明だった刑務所内の被爆状況があきらかにされた戦後はじめての貴重な証言であった。たくさんのためらいや思慮があったと思うが、よくぞ証言してくれたと思う。ユーモアをはるかに超えて、腹の底から笑ってしまうようなリアルな証言であった。苦難と辛苦の果てのゆたかな人間性といっていいのかもしれない。人間にのこされた最後のものは、腹の底からの笑いなのかもしれない。この笑いこそが、人間解放の第一歩としてあるのか。いろいろな場面でこの笑いに出会ってきて、そう思ってしまう。

それはさておき、証言によると、爆心地から南二キロのところにあった広島刑務所は、被爆によって刑務所の獄塀だけは倒壊を免れたが、獄舎はほぼ全壊し、通用門も破損、意志すれば「外」との出入りは自由となったということであった。当時、受刑者千百五十四人、職員二百五十人であったが、多くの人が亡くなり、負傷者はその半数を超えた。

刑務所の所長の「今、外にでても食べ物はなにもない。ここがいちばん安全なところだ」という訓示を信じて、そこでまず受刑者たちはなにをしたのかというと、自分たちのはいっている獄舎の修復作業に着手したということだ。真剣そのもので、真夏の炎天下での修復作業、たいへんだったことと思う。自分たちの住むところの確保、その気持ちはせつなく痛いほどよくわかる。そして、作業も順調にすすみ、仮設舎房ができあがったときなどは、おたがいに手をとりあって喜びをわかちあったということだ。

その作業がすすむなか、やはり賢い人はいた。空腹で炎天下の作業、なにをしているのか、と。脱走すればいいのではないか、逃げればいいのではないか、と。小倉さんも誘われ、即決、同志四人で八月二十二日の夜、通用門からの脱出を敢行した。

四人は、刑務所内で調達した軍服姿で北にむかって（南に行くと海）後ろもふりむかず走りに走り、佐東町の阿武山の麓《ふもと》までたどりついた。ひと休みということで、闇のなか、ふっと後ろをふりかえると、息せききった新たな二十人の同志の真剣なまなざしがあった。新たな同志に衣服、食糧を分配し（これは、あたたかい）、四人は山越えして島根県の江津《ごうつ》にはいり、一蓮托生《いちれんたくしょう》の紐をとき、個々のさらなる幸運と再会を約して解散した。

小倉さんは、結局、行くあてもなく、貨物列車にもぐりこみ、広島に舞い戻り、逃亡罪が加算されることとなってしまった。

もうひとつ、山下明さんの証言は、きびしいものであった。戦時中、応召された山下さんは、ソ連

（当時）国境のバイカル湖近くのハイラルにおもむいた。酷寒のなかでの軍務によって胸を患い、一九四五年七月二十六日、その治療のため広島第二陸軍病院三滝分院に内地送還された。そして、八月六日の原爆投下によって被爆した。結核は治癒した。その時点でははっきりしなかったが、被爆の後遺症はつづいた。山下さんは、結核の治癒によって、故郷の熊本県水俣に帰った。なつかしい故郷の味、チッソ水俣工場からの有機水銀によって汚染された魚貝類を食べつづけた。五〇年代の初めに発症した猫の狂死、〝猫踊り〟も山下さんは目のあたりにした。皮肉というか運よくというか、チッソ工場の事務職として採用され仕事をつづけていったが、症状は悪化していった。

結局、山下さんは、赤い被爆者健康手帳と青い水俣病認定患者の健康手帳の、二冊の手帳を持つこととなってしまった。六歳の長男を水俣病で亡くしてもいる。

この二人の証言をもとにして識字で授業をした。出席者は、現役の男性労働者八名ほどであった。ぼく自身、寿町で識字をはじめるようになって五年目くらいのときで、余裕もなく緊張して識字をつづけていた。だいたいこの八名ほどのメンバーで毎週の識字をしていた。現役の労働者であるから、仕事から帰り一杯飲み、食事をして、六時すぎごろ、すこし顔を赤くして識字の席に座ってくれていた。ぼくはアルコールを飲んでいるわけではなかった。かれらは、べろべろに酔っぱらって席につくときもあった。そこまで酔っぱらっても、よくぞ識字を忘れずにいてくれたかと、うれしくなってしまったこともたびたびであった。

「おい、おまえ、なにを言っとるのかわからんぞ」「うん、このお茶は、うまい」「また、来週、くるぞ」「おまえの言っとることは、理想や」「死ぬときは、みんな、いっしょや」「おれ、ちょっと、寝る、静かにしとってくれ」「おれは、西むいて極楽浄土のこと考えとるのに、おまえは、東むいてしゃべっとる」「ジュウソウテキ差別構造の町よ、ここは」「しかし、この詩は、涙でるな」「おれは、ふんどしを忘れて家をでてきたのがウンのつきぞ」「おれは、入れ歯を忘れて家をでてしもうて、えらい不便しとる」……

ぼくが、ほんとうに真面目に話しているときに、みんな自由に発言をしつづけてくれた。ぼくは、そのいちいちの話に、かみついていかざるをえなかった。極楽浄土で二、三十分、差別で二、三十分、ふんどしで二、三十分、入れ歯で二、三十分、あっという間に識字の三時間は終わった。わかったようなわからないような発言に翻弄されて、おれは識字でなにをしとるんか、といううちつづく胃の痛みをこらえてあとかたづけをしていると、とどめのひと言、「また、来週な」と言って、みんなニコニコして手をあげたり、励ましのつもりか気ばらしか、わざわざぼくの肩をバーンとたたいて帰っていった。これが、毎週、五年間ほどつづいた。

そんな彼らが、「二冊の手帳」の山下明さんの証言は、真剣に聴いてくれた。きょうはふんどしや入れ歯の発言もなく、調子いいぞと思いながら、小倉醇さんの証言に話をすすめていった。だいたい話し終わった、いや終わるころ、もうだれもぼくのほうなど見ていなかった。コの字型の机の配置に座った彼らが、おたがいに向きあって座っている人たちと、なにか身ぶりをかわしながら、ざわついていた。また、きょうもかと思って、よく見ると、指を二本、三本だして声をおさえて笑い、大きくうなずきあっている。両手の指をだし、さらに大きく、おたがいにうなずきあっている人たちもいた。おれがこれだけ調べ、丁寧に話をしているのになにをしているのかと、いらいらしながらも静かに聞いた。「いや、ちょっと」「あのことで」と言って、なかなか埒《らち》があかない。いつもの世界にはいったかと思い、きびしく聞きただすと、「いや、あそこに何回はいっていたのか」を指のサインで話していたのだと言う。

ぼくは、うれしかった。授業への思いとはうらはらに、やっと、ぼくのことばがとどいたと思った。じつにたのしそうにサインを送りあっている彼らを見ていると、肩のちからもすっと抜けていった。刑務所に何回はいったことがあろうと、そんなことはまったく問題ではなく、やっと、寿の識字のスタートの位置につくことができたのかと思った。ぼくという人間を信頼してくれたのだと思った。

全身のちからをつかって書ききった

話を初めのころのことにもどす。識字だから、一人ひとりがなんとか自分のちからで自分の文章を書いてほしいと考えつづけていた。生活館の会議室を使っての識字がはじまって一か月ほどしたころ、みんなが書いてくれるかどうか、運を天にまかせたような賭けにもにた気持ちで、つぎの課題で書いてもらうことにした。

手《て》について書《か》いてください。いろいろなことをしてきた自分《じぶん》の手《て》、父《ちち》や母《はは》や男《おとこ》や女《おんな》や、他《ほか》の人《ひと》の手《て》など、手《て》について考《かんが》えたこと、思《おも》い出《だ》すことを書《か》いてください。

というものであった。四人の人たちが、この課題について書いてくれた。当時、六十七歳の中村武夫さんは、「おれは、まだ、ひらがなもきちんと知らないんだから、ひらがなを教えてくれ」と口癖のように言っていたが、約一時間三十分ほどかけて鬼気せまる迫力で集中して、つぎの文章を書いた（文中の「白紙」とは徴用令状のこと）。

まづ、自分の手、小学校のころは、この手で、だれかれかまはず、学校の友だち、きんぞの子、女の子をなぐってきました、

だが青年になったとき白紙で、まいづるで、この手で、すばらしい船をつくてきました、また一銭五厘の赤紙で、ぐんたいにいき、たくさんの、せんし、した、なきがらをもやしてきました。

そしてこの寿町で、おきなかし《（沖仲仕）》で船のいろんなしごとを、この手でおもいだしたら、きりがない、はんばのしごと、ああこの自分の手　おもいだすといやな手　またすきで、すきでたまらない手　この手を　いまつくづくみて　かんがいむじゅう《（むりょう）》です

中村さんの六十七年間を凝縮したかのような、ぼくのつまらない心配などは杞憂《きゆう》でしかなかっ

たみごとな文章だった。おそらく、中村さんは、この文章に書かれている、そして、それにつながるすべてのことを想いおこしながら書いたのだと思った。中村さんの書いているようすを鬼気せまると書いたが、中村さんは全身のちからをつかって書いていたのだった。ぼくは、人が全身のちからをつかって文章を書くすがたを初めて見たように思った。ああ、識字の文章は、こんなふうに書くのだ、ということを実感することができた。神々しかった。ぼくこそが、感慨無量だった。

五歳のとき、爆心地から二キロのところで被爆した山口武彦さんは、原爆が投下され、逃げるときに手を引っぱってくれた母親の手についていて書いた。このときの、中村さんとほかに三人の文章が、寿町の識字で生まれた初めての文章だった。

中村さんたちが書いてくれたのを機に、毎週の識字のようすや書かれた文章を寿町の識字の記録としてのこしておきたくて、『ちからにする』という題の手書きの学校だよりをだすことにした（今、この『ちからにする』の合本は、四十七集となっている）。

それからは、毎週、それぞれの人が、自分の文章を書くようになっていった。それらの文章をすこしたどってみる。

恨みごと、泣きごとのいっさいもなく

今村昇一さんは一九四三年生まれで、今、五十九歳になっている。二歳のとき満州（中国東北部）で父親が亡くなり、母親の故郷の鹿児島に引き揚げてきた。そして、母親の再婚のため今村さんは、熊本の伯父さんの家に預けられた。学齢期になり、小学校に入学してすぐに、裸足の傷口からばい菌がはいり、両足とも骨髄炎になってしまった。十九歳まで膿《うみ》がでつづけたと言っていた。一年間入院し治療したあと、車椅子で再登校したが、一年間の学びのブランクと子どもたちのこころないいたずら（担任の教師の責任が大きい）によって、もう学校は今村さんのいることのできる場所ではなかった。四年生まで通ったことになっているが、ほとんど学校に行くことなく、近くの川で魚をとって遊んでいたという。

両足の治療・手術をして十九歳のとき上京し、仕事をはじめた。仕事は順調にいき、結婚もしたが、いいことは長くはつづかなかった。相手の女性が家をでていき、今村さんもつづけていた仕事を辞め、町工場のプレス工となった。が、あるとき、不良機械の「故障・危険」と書いてある文字が読めなくて、それに触れ、左手の親指、右手の人指し指と親指をなくしてしまった。

入院し治療をうけ、どうにか完治したところで工場にもどると、社長に呼ばれ、なにかが書かれた用紙を示され、これに判を押してくれと言われた。なにが書かれているのか読むことができ

ず、判を押した。社長は「きょうかぎりでここを辞めてもらう。それでは気をつけて、ごくろうさん」と言った。今村さんはわけがわからず、なにが書いてあるのかを尋ねた。用紙には、指の補償について会社は今後、いっさい関知しないこと、きょうかぎり解雇すること、退職・見舞金を受けとることの三つの要件が書かれていた。それに、判を押したのだ。工場を追われ、気がついたときには、横浜スタジアムのわきで野宿生活をしていたという。

このままではだめだと気づき、寿町に来て、障害者手帳交付の手続きをして仕事を見つけ、識字にも出席するようになった。「指をなくしてから、字を書こうなんていちども考えなかった」と言いながら、五十音から勉強をはじめた。三十八歳だった。

いいことなどひとつもなかったかのような生活をしてきた今村さんに、どのように考え生きてきたのか教えてほしいと思い、つぎの課題をだした。

人間《にんげん》の心《こころ》について書《か》いてください。いろいろなことをしたり、考《かんが》えたり、思《おも》ったりする自分《じぶん》の心《こころ》について書《か》いてください。

今村さんは、国語辞典を横におき、持ちにくい鉛筆を右手に持って、つぎのように書いた。

私しの心わ人間の心かな　良くよくわからない　でも母の心わ子供おおもう心だとおもう　母は子供うみ、名前つけ、おんぶして、根かせ、おきくして一人前にそだて　会社に出し　でも合《あ》の子は今

名に《なにを》おしているかなと母の心わ心配してるだろね
母に多より《たより》おだす　母の多よりは身体に気おつけよと　母のこもった「心」が僕につうじるようだ
母の心は青空のよに子供おしつけ　言葉おしえ　おきな人間にして　母も努力　また子供も努力して
一本のレールの心だとおもいます

恥ずかしいことであるが、ぼく自身、人間のこころについて書けといわれても、このように書くことはできない。しかし、今村さんはためらいなく、あたりまえのこととして、すっきりとこれを書いた。ぼくは、今村さんが惨憺たる自分の人生にたいする恨みごとでも書くのではないかと思っていた。予想もしなかったこの文章に感動した。

三沢俊雄さんは、五十歳をすぎたころから視神経萎縮症《いしゅくしょう》という病気によってだんだん視力が衰えていき、五十六歳ころには完全に失明してしまった。
まだいくらか視力が残っていたころ、三沢さんが街のなかからいなくなってしまった。どこへ行ってしまったのかと心配していたら、二年ほどして、金曜日にぼくが識字のはじまるまえの掃除をしていると、部屋の入り口のところに白杖《はくじょう》をもった三沢さんが立ち、「大沢さんいますか」と声をかけてくれた。三沢さんは、東京にいて、視力はまったくなくなってしまったということであった。とりあえず、なにか書いてくださいと言って、白い用紙を渡した。

三沢さんはサインペンでなにか書きはじめたが、当然、文字は机の上にまでとびだしてしまっていた。最後に、ぼくがそれを読むときには、用紙と机の上の文字とをあわせて読むことになってしまった。ほんとうに悪いことをしたことを三沢さんに謝り、来週までにかならず書けるようにするからと言って、その日は終わった。

どうしたら書けるようになるのか、いろいろ考えたがいい案がうかばず、文具屋をまわり、やっと厚さ〇・三ミリ、Ｂ４判の大きさの白いプラスチック製のプレート板を見つけた。それを買ってきて、カッターナイフで十行分ほど行間を残してくりぬき、書くときはＢ４判の用紙の上にそのプレート板をのせて四隅をセロテープでとめ、行間を手でなぞりながら書いていくという方法を思いついた。さっそくつくり、自分でも目をつむって試してみた。なんとかいけそうだった。

つぎの週、三沢さんに説明して、それを渡した。三沢さんは指でなぞりながら、まず自分の名前を書き、これなら書けると言ってくれた。

三沢さんとの識字は、ぼくがその日もっていった素材を読み、そのあと三沢さんが書きたいことを書き、終わったら三沢さんが書いたものをぼくがみんなのまえで読むというかたちをとっていた。

年齢的なこともあって、点字は修得することができなかった。中途失明の状態では寿町のなかでの日常生活も並大抵のことではなかった。ほぼ毎日、市内の図書館でおこなわれている対面朗読にもでかけていた。その帰りだったと思うが、駅の階段で転倒し、意識不明のまま亡くなってしまった。

このはのいつてきから　みづとなり　けいりうとなり　みづがはしる　ものがうごく　人もはしる
すべて　うごくものうらやまし　きたかぜをみにうけて　とぼとぼとあるく　はやくはやくとこころ
わさけべど　まえにでない　とぼとぼとあるく　あめにうたれさむい　はやくゆきたい　とぼとぼあ
るく　あとからおいこされる　はやくあるけ　かつばかれる　えきについても人人いつばい
（かつばかれるは、かっぱかれるで、突きとばされるの意）

ぼくは三沢さんに、眼が見えていたときのことばではない、眼が見えなくなってからのことば
をからだの奥底から引っぱりだして書いてほしいということを要求しつづけた。つぎの文章は、
もう実現不可能かもしれないが、今、いちばんしてみたいことを書いてください、と言ったとき
に書かれたものだ。

はるともなれば　あしどりかるく　ステツブふみながらやくどう　はなわほほえみ　とりささやき
おいでおいでとかんじとられ　そとに出る　あるきながら　こうていにて　じてんしやにのり　あお
ぞらの下　くうきをいつぱいにすいこみ　あしがつかれるまでのつてみたい　だれもいないところで
のつてみたい

いつか母の顔を見れる時、本当の事が分かる

故郷が長崎県の佐世保だという二十六歳のもの静かな青年があらわれ、識字の席についた。二か月ほどたったとき、大学ノートの用紙三枚にびっしり書かれたものを「読んでください」と手渡された。自分は、被差別部落の出身だと言った。その用紙には、父親が早くに亡くなったこと、子どものころのこと、中学校時代にある事件を起こし少年院にはいって、そこで中学を卒業したこと、そのあと福岡の定時制高校に入学したが仕事と両立できず退学したこと、そして、仕事を転々としながら寿町に来たことなどが書かれていた。

彼とは一年間ほどの短い期間しかおつきあいできなかったが、よく話した。彼は、ぼくの貸した本もしっかりと読んだ。街の活動にも積極的に参加していたが、あるときふっといなくなってしまった。あれから十八年が経ってしまった。彼も四十四、五歳になっているか。探しつづけているが見つからない。

冬になると毎年のように古里を想いだす。学校をズル休みして遊んだ山や、夏になると泳いだ川を。もちろん母の顔も想い出す。小さい身体でしわくちゃの顔、タバコをうまそうに吸っている顔、おこった顔、大きな口でわらってる顔、なつかしい。会えるものならば、今すぐでも古里へ帰って母の顔

を見たい。でも今はだめだ。自分の事もしっかりしてない俺を母は迎えてくれない。もう少し時間をもとう。

母の苦しい顔を見た事がない。でも俺は違う。いつもいつも苦しい顔ばかり、それではいけないと思っては見ても。だから今は、母の笑っている顔をみたい。そうする事によって俺は変わるのではないだろうか。それが、ほんの少しでもよい。でも今は夢の中で、そして頭の中で母の顔を見るだけ。いつか母の顔を見れる時、本当の事が分かるのではないだろうか。

こうして書いていると、小学校の時の母の顔が、中学になって俺が悪くなる一方の時の母の顔が、社会人になってからの母の顔が、思い出される。又、こうして考えると、母のしわは俺がふえさせたのではないかと思う。若くしてふえたのではないだろうか。本当は苦しい顔をしたかったのではないだろうか。子供に心配かけないために、大きな口をあけてわらった顔をしたんだろう。なさけないと思う、この俺。でも今さら過去の事を思いだしても仕方ない。これから先、俺自身がしっかり前向きに考えて、しっかりとした足で目で母の顔を見る。

それにしても、冬になると母の顔を思いだす。

正月だと言うのにモチが食えない時、ツケにしてでも俺達兄妹にモチを食わせ、うれしそうにしてた頃の母の顔、すばらしい母だ、すばらしい顔だ。俺は、母のないている時の顔を見たことがない。なのに俺は、今こうして書いている時になみだをだした。母にしかられるだろう。「男のくせして」と。でも俺はしかられたっていい、母の顔を見れれば、元気な母の顔をみれれば。

ぼくのちから不足はいかんともしがたいのであるが、街のなかで気まずいことがあれば、ぱったりといなくなり、どこへ行ったのかもわからなく音信不通となってしまう。いつかふたたびあらわれることを、探しつつ待ちつづけるしかない。忘れずにいてほしいと思うし、彼には、きっともういちど、会うことができるという予感がしている。

今、ふりかえって考えるとき、この五年間は、ぼくにとって貴重な時間であった。バンセイの阿部さんのことばもふくめ、彼らの発言のひと言ひと言は、そのときどきの真実をついていた。あとに書くが、自分を「不必要な人間」「要らない人間」と思っていたぼくを、すこしずつ「必要な人間」「いてもいい人間」にしていってくれた。とにかく、かたちはどうであれ、毎週、彼らは、ぼくを待っていてくれたのだ。うれしかった。胃は痛みつづけたが、よく鍛えてくれた。彼らに出会わなかったら、やはり、今の寿の識字も、ぼくもなかったのだと思う。

2章 突きやぶる、ことば

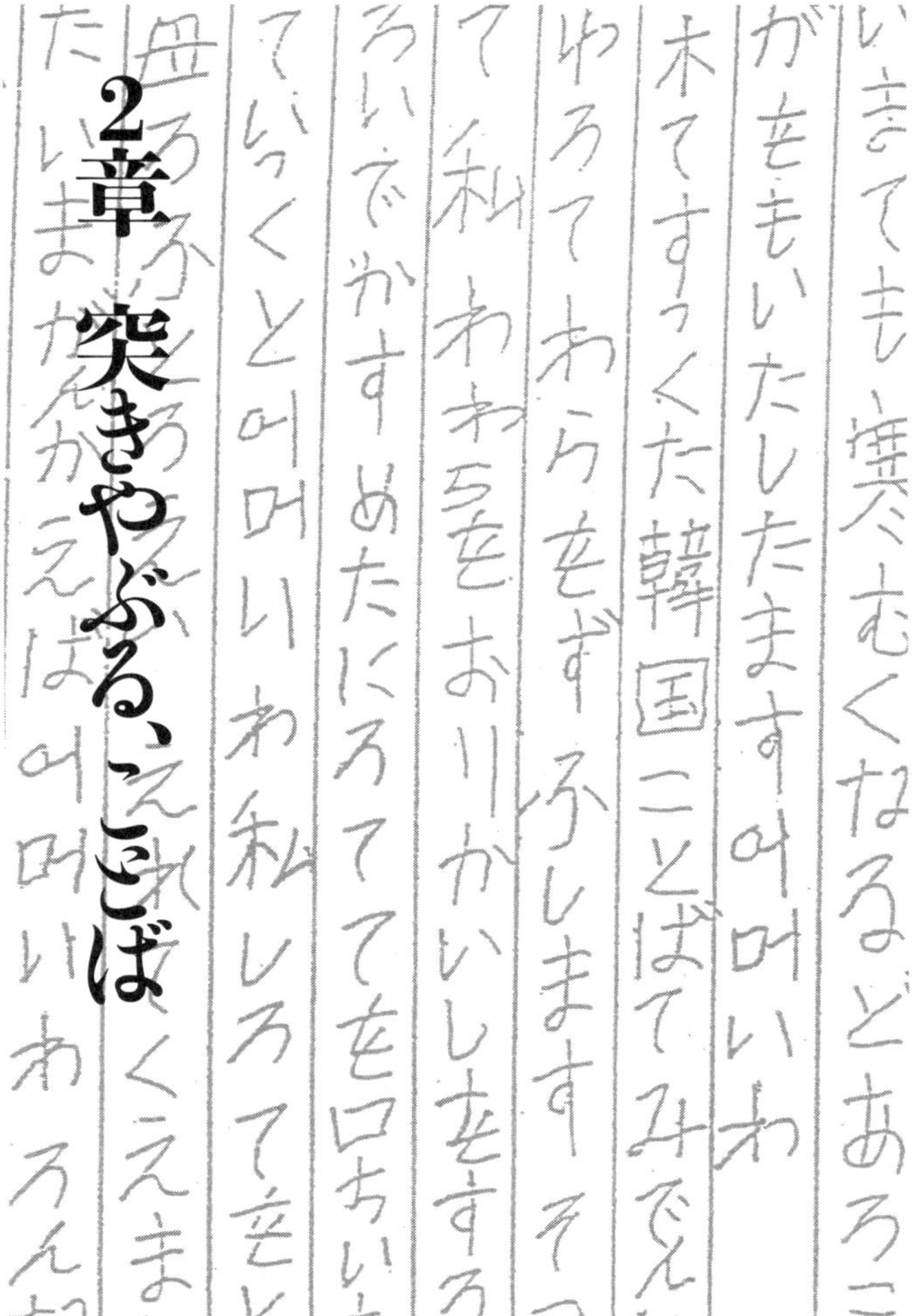

たすかったからよ

一九八五年

みずからの生をとらえかえす場として

日本の三大寄せ場のひとつといわれている横浜の簡易宿泊所街（以下、ドヤ街）、寿町のなかで自主的に識字がはじまって七年、ぼくが識字に通うようになって五年がすぎた。

寿町に住んでいる約六千人ほどの日雇労働者のどの人も、きびしい被差別の生の歴史、生育史・生活史をもっている。その被差別の事実を視すえることができるかどうかは、すべて、ぼくのちから、からだ全体にかかっている。視えなければ、視えるちからを自分につけていかなければ、と思っている。やはりいちばん恐れることであるが、ぼくが視ることができなくて、その人にまた深いきずを負わせてしまうことは、許されないことだ。あまりにも遅すぎるのであるが、ぼくが識字をはじめて五年がすぎた今、やっと被差別のがわのすがたが視えはじめてきた。

ドヤ街に住まざるをえなくなった被差別部落出身者、在日朝鮮人、「障害」者、沖縄・奄美出身者、アイヌ、被爆者、女性のことなど、そして、さまざまな重い荷を背負わされた人たちの生きるすがたが、ドヤの一室で一対一で話し、識字のなかでのことばや文章に相対したとき、精確ではないがわかりはじめてきた。

　学校へ通えなかった人はもちろんのこと、学校へ通うことができたとしても教室にはいりきれなかった人がいる。たとえ教室にはいったとしても、その人たちが、ただしい認識のもとに人間の解放に向かう教育をうけているということは、まずない。本人の責任とはかかわりなく、なにも識《し》ることなく、なにもわからないまま、人として歯車のかみあわぬ生きかたを強いられてしまってきたということ、つまり、本人の意志とはほど遠いところで、知らず知らずのうちに、まわりの人間のつめたい仕うちの渦にまきこまれて生きてきて、そして、寿町に住んでいる。もちろん、寿町に住んでいることが悪いという意味ではない。

　寿町の識字の根本にふれながら、本人が意識しているかどうかはべつのこととして、客観的にみてその人の生きかたを決定づけてしまっているのではないかと思われるもっとも重要なことにたいして、ぼくは、避けることなく、その人と話していかなければと思っている。そして、話すことによって、その人の生きかたの核や芯や軸をつくりだしていってほしいと思う。それは、とりもなおさず、つらい自分の生いたちを、けっして負のものとしてではなく、人としてよりあたたかく、よりゆたかなものとして、とらえかえしていってほしいからだ。

　ぼくのちから不足はいかんともしがたいのであるが、被差別部落出身者ではないかと思われる人にたいして、部落の話をし、朝鮮人にたいしては朝鮮の話をし、「障害」者、沖縄・奄美出身者、被爆者など、それぞれに話をしていっている。つめたい目や手ひどい仕うちにさらされながら生きてきたその意味をとらえかえし、まだ十分とはいえないが、ゆがみのないところでともに考えてもらっている。それらのことを、さまざまな生育史・生活史を背負って識字に出席するすべての人に、あたりまえのこととして、自分のからだのなかに入れていってほしいからだ。ぼく自身はもちろんのこと、まわりの人間も鍛えられていかなければならないのだと思う。

今、識字に出席している人は、年齢的には二十代から七十代とはばがあり、うけてきた学校教育もさまざまである。言うまでもなく識字を根柢でささえるのは文字の読み書きをできなくさせられた人たちであるが、文字の読み書きのできる人たちもおのれの人間をただす場として、共同学習の場として、識字をつづけてきた。

共同学習の場として、学生を中心とした寿町に住んでいない〈外〉から来る人たちも識字の席について、〈見学〉やいいかげんな座りかたは許さないところで、同じ時間、同じ素材で〈自分〉だけの文章を毎週書いてもらっている。〈外〉から来る人たちには、文字の読み書きをできなくさせられ、徹底して被差別の世界を生きぬいてきた人たちのありのままのすがたを、文字の読み書きはできるけれども人を、踏みつけて生きてきた自分の今のありようを、他人事《ひとごと》ではなくおのれに照らしかえし、これからの生きる道すじのわがことにしていってもらえればと思っている。

とにかく人になりたい

今、寿町の識字は、毎週金曜日午後六時から約三時間、街のセンターでもある寿生活館四階の会議室を使ってやっている。生活館四階には会議室のほか、隣には娯楽室があり、ほかにもシャワー室、洗濯場、簡単な調理場などがあって、人の動きははげしい。当然、識字をやっている部屋への出入りも自由となっている。毎週の識字の内容は、出席する一人ひとりの人の生育歴や生活とかみあうところの詩、短歌、俳句、短文などを素材として、ときには重複したりみんな共通のテーマだったりすることもあるが、だいたいは個々、べつべつのものをさしだしている。最初の二時間は、一人ひとりそれぞれにやってもらい、残りの一時間は、その日、自分のやったことの発表と意見をだしあう討論の時間としている。

ほぼ三年ほどまえから、出席者の要望もあり、二か月に一回ぐらいのペースで一斉〈授業〉をはじめた。一斉〈授業〉をするにあたって、たくさんの不安をかかえこみながらも、とにかく自分のもっているものを正直にだしていけば、かならず、なんらかのかたちで応えてもらえるのではないかと思っていた。

その第一回目として、家族をのこし、ふるさとを離れ、全国を放浪しつづけた俳人・種田山頭火の〈授業〉をした。山頭火の生きるすがたや放浪の旅のなかからつくりだされてきた俳句を読み、考えることによって、識字に出席する一人ひとりが、もういちど自分自身を視つめなおす作業のとっかかりにでもしてくれればと思い、〈授業〉をした。山頭火の生きるすがたやその俳句を、寿町にいる人たちは全身でうけとめてくれるのではないかとも思っていた。資料としては、つぎの俳句を用紙一枚に書き、出席者全員にくばった（現代かなづかいに書きあらためたものとした。以下、同じ）。

泣いて戻りし子には明るきわが家の灯
どうしようもないわたしが歩いている
よい宿でどちらも山で前は酒屋で
石に腰を、墓であったか
霜しろくころりと死んでいる
ちんぽこもおそそも湧いてあふれる湯
ぼろ着て着ぶくれておめでたい顔で
干せば乾けばふんどししめてまた歩く
ふとめざめたらなみだこぼれていた
なみだこぼれている、なんのなみだぞ
ふるさとの水をのみ水をあび

雨ふるふるさとははだしであるく
年とれば故郷こいしいつくつくぼうし
うどん供えて、母よ、わたくしもいただきまする
たんぽぽちるやしきりにおもう母の死のこと
捨てきれない荷物のおもさまえうしろ

以上、十六句であった。

句数も多く、山頭火ののこしたたくさんの句のなかでもけっして上手な句ではないと思うが、山頭火の人となりやこころは十分にあらわれていると思った。山頭火が放浪の旅のなかで見たり考えたりしたことは、今、寿町で生きている人たちの日常の生活や、成しえないかもしれないはるかな想いのなかで重なりあっているように思われた。

この〈授業〉のなかで、ぼくは、寿町に識字を創りだし守りつづけてきた中村武夫さん（六十八歳）と長岡長一さん（四十四歳）の二人に、もういちど、自分の生きてきたことを掘りおこす作業をしてほしいと思った。中村さんは都合がつかず出席できなかったが、長岡さんは席についてくれた。

長岡さんは、コの字型の机の配置の、黒板に向かって正面に座り、ぼくが話しているあいだずっと、サンダルをぬいだ立て膝で足を椅子の上にあげ、下を向いたままの状態で、ときどきじつ

におもしろくないといった顔で、聴いてくれているのかどうか、さっぱりわからなかった。〈授業〉のあと感想文を書いてもらい、そのあと、感想文は読むことなく全員で討論をした。聴いてくれていないと思っていた長岡さんが一人で話しつづけ、授業がよかったと言ってくれた。そして、自分の親のことを「くそじじ、くそばば、早くたばってしまえと思っていたことが恥ずかしい」と言い、「おれもさっき、母のきいててなみだがこぼれてきた」とも言ってくれ、最後に「なんか、きょうは、先生の説教きかされてね、説教されて、ジャッキまかれたような気がする」と討論をしめくくってくれた。長岡さんの感想文はつぎのものであった。

どうしようもない私しが歩いている
わがむねにはじをかく、私しはなさけない、しかし心わ、いきている、つねに、人間であること、見せつけられました、私くしわはづかしい
そうなこころはでなかった、しかし　たそうとはおもわない　とにかく人《しと》になりたい

さらにべつの用紙につぎのように書いていた。

雨ふるふるさとは　はだしであるく
私は、茨城にうまれて、まづしいせかつをしたが、夢を見たことがなかった
つねに　心　鬼にしていた

きょうほど私の心をうたれたことはない

このころ長岡さんは、いろいろな理由をつけて識字を休んだり、乱れることはなかったが酒を飲んででかけてきたり、落ちつかない状態であった。しかし、この山頭火の〈授業〉は、きちんと聴いてくれた。つぎの週の識字のとき、感想文のなかにある「人《しと》になりたい」ということについて書いてもらった（差別用語もふくまれているが原文のまま）。

人になることわ、どうぶつになりきることがだいぢです、つぎにあまりことばにならないことがあっても、よくかんがいて見ると、そこにまぢがっていることが、あり、あり、わかる　しかし私はそこがわからない、よするにあき目くらである、それが自分わわからないために、障害物がぢやまおする、しとつあげれば、けんか、ごうとを、人をころす、かぞいだらきりがなく、いろいろさいなんがかざんされます、

人とゆのわよわいものです　しかし、ささい《（え）》があるとこゆことがなくなり、私たちは、まいにち、まいにちたたかつていくのです、私しは、あしたとゆことがしんじられなかった、一人《しとり》のにんけんであったがそれでは、なんのために、母からてやあしやつくってもらったんだろう　父や母のかをみることができなくなる　そんな人生をつづけているとよくな《（よくない）》ことないので、なりべく、すなおになるよう

に、やるとけっしんした、しかしそれまでわ、たいへんでした、自分がなにしているのかわからなくなります　しかしそこのところが私のかべであることがわかったようなきがする、のがき《のうがき》がつづいて

ごめんなさい

今までは書いても用紙に十行ほどであったが、このときは、書くことが頭からどんどんでてくると言って、用紙も二枚にわたっている。「どうぶつになりきる」とは、一人になっても自分で考え、闘い、つよく生きていくというような意味だそうだ。このころから長岡さんは、日常の生活、識字での態度、人との接しかたなどあらゆる面で、自分自身を大きく変えていったように思う。

二か月後、つづけて第二回目の種田山頭火の〈授業〉をやった。こんどは、中村武夫さんも出席した。ぼくは、三十四年ぶりに身ひとつでふるさとに帰った（一泊二日の急ぎ旅）中村さんを励ましたかったし、大嫌いだったおやじさんのことをもういちど考えなおしてほしいと思い、つぎの資料を全員にくばり、〈授業〉をした。

こころさびしくひとりまた火を焚く
影もぼそぼそ夜ふけのわたしがたべている
初孫がうまれたそうな風鈴の鳴る
だんだん似てくる癖の、父はもういない

トマトを掌に、みほとけのまえにちちははのまえに

風の中おのれを責めつつ歩く

以上、六句であった。〈授業〉のあとの討論の時間、中村さんはつぎのように言ってくれた。

「こうやって、おらぁ、きょうまで、こう、うたつくったことねえしよ、ね、ほんで、うたをこう読んでみてね、やっぱよ、こう先生がよ、説明をいれて、おれにわかりやすくね、このうたは、こうやってこの種田先生があれしたんだなと思ってね、どうにも、ほんと、先生のお話は最高だった。おれによくわかった。おれもうたつくって、ひとつ、ね。ほんとにわたしは、ね、こううたなんか読んでも、説明を、こう説明をわかりやすくいれてもらうとね、パッとわかってくるんだ。ほんとにおれは、こまった人間です。こまった人間……。今、歳とると、おやじのいいところがわかってくるのよねぇ、おれは、でぇきれぇだったんだ。おれは、もう、おやじは、でぇきれぇだったけどよ、今、すきになった。もう、こんだけ、これだけ心がひらけてよ。あんなに、きらいだったおやじが、今、すきで、すきでたまらなく思っている。おれも、もうおむかえ近いぞ、八十まで生きてぇとは思わないよ。もう、ちょうど、今、死ぬ、いいとこなんだよ。これ以上生きていたら……」（授業記録テープより）

そして、感想文には、つぎのように書いてあった。

私は今日の先生の種田山頭火のおはなしをきき私に今一つ、さんこうになりました。私は今日まで、あまり人のおはなしに、つよいきーよみ（きょうみ）をもたなかった、私でした、これではいけない、私は、これからはすすんで人のおはなしをきき、そしていろいろな、よい本をよんで私なりのべんきょうをしたいとおもいます、そうして自分にちからをつけて、いきたいとおもいます、がんばります、きようほど私の心をうたれたことはない、つよくいきていきまそう。

身にせまって切実なテーマの〈授業〉こそが

放浪の俳人・種田山頭火の二回にわたる〈授業〉のなかで、ぼくのちからのなさやいたらなさや未熟さをはるかにのりこえ、識字に出席する人たちは、つねに全身でものごとを考え、自分自身のこととして、その本質をつかみとってくれていた。〈授業〉とはいえないようなものであったけれども、この最初の二回で、ぼくは、ぼくの目のくもりによって視えなかったものをたくさんみせてもらった。

それは、つきつめていえば、その人とぼくとの距離が近くなったということである。日常的には彼らの部屋にあがりこんで、かなりきつい話をしていたのであるが、そういうときに話されることではない、もっと深いところにその人がもっているほんとうのことのようなものを、〈授業〉のあと、実感としてつたえてもらったように思った。

寿町で識字をやりながらいつも思っているのであるが、本気でなにかをすれば、かならず、その本気さに見あったものを返してもらえるということだ。ぼくのような男の人間のはばなどは、たかが知れている。しかし、〈授業〉をすることによって、彼らはぼくという人間を、すこしひろげて見てくれたのではないかとも思っている。

解放教育のたどりついた授業創造にはまだはるかに遠いが、今まで、ぼくが識字のなかでしてきたことをふりかえりながら、その授業創造の糸口でもつかめればと思い、書いていきたい。

寿町の識字のなかで〈授業〉をするということは、どんな〈授業〉をしても、つらいものになってしまうということでもある。しかし、めざすところは、識字に来た人がそのつらさを〈授業〉のなかでのりこえ、半歩でも一歩でも前にすすめるような、顔をあげることのできるような〈授業〉をすることだと思っている。

そんな意味において、とことん素材の質が問われるのだと思う。いつも出席している人は、だいたいどんな人なのかということはわかっているが、通りすがりに初めて顔をだす人は、その人がどんなところで生き、生活してきた人なのか、それこそ、まったくわからない。しかし、その人たちをもつつみこむようなちからをもった素材を選ばなければ、と思っている。ちからをもった素材とはなにか。その基本的なこととして、寿町の日常のなかで、日々、想いつづけている身にせまって切実なことが、じつは、寿町のなかだけのことではなくて、人間だれもが生きていくうえで身にせまって切実であるということだ。そこにつなげて素材をえらばなくてはならないということである。

寿町のなかでは、だれかに相談し、自分の考えを聞いてもらったり、意見を言ってもらったりして、もういちど自分のことを考えなおすというような機会は、ほとんどないと言ってよい。そんな状態のなかで、素材として、他人《ひと》の生きるすがた、生きてきたすがたをさしだすことによって、自分自身のなかで未整理のまま放りだされているさまざまな事柄を、逃げることなく自分のちからで問いかえし、整理しなおしてほしいと思い、これからの〈授業〉のテーマを〃勇気について〃ということにした。ぼく自身、〈授業〉をするかぎりは、話したことから一歩もひきさがることはできないし、責任をとらなければならないことと思ってこのテーマを設定したつもりである。自分自身をも問う素材でないかぎり、寿町の識字では通用しなくなってきているように思えてならない。つまり、ぼくにとっても切実な素材であるということだ。

あべこべにゆうきをおくってくださった

〃勇気について〃ということで二か月に一回のペースでやりはじめ、今までに、坂村真民の詩「えらい奴」、それから、敗戦によって捕虜となり、シベリアの強制収容所ラーゲリにつれていかれた石原吉郎の文章から、鹿野武一という男の身をけずるような生きかたとのこされたことば、「もしあなたが人間であるなら、私は人間ではない。もし私が人間であるなら、あなたは人間ではない」（原文には傍点がある）を軸にして、〈授業〉をすすめていった。

その〈授業〉につづけて、ある手紙を読んだ。毎週の識字でみんなが書いた文章やできごとを、識字学校だより『ちからにする』に書いて、つぎの週に出席した人や街の人にぼくは渡しているのであるが、その学校だよりを合本にして一冊の文集としたものを読んだ九州の女子高校生から、識字学校にとどいた手紙だ。すこし抜き書きしてみる。


実は私は、文集を読むまで、私は「生きる」ということと「人を信じる」ということに対して絶望し「死」ということを考えていました。いつもどうやって死のうかと考えて毎日を過ごしていました（結局は、そんな勇気もなかったのですが……）。そして、何の目的もなしに毎日を生きていた自分でした。「何故、私ひとりだけ、こんなに苦しまなくてはならないのだろう」とか「私は苦しい状況から逃げるんだ」というバカなことばかり考えていました。

読んでいる途中で何度も読むのをやめようと思いました。なぜなら、文集に書いてある人達の一つ一つの文章が、その時の私に対して、厳しいものだったからです。何度も涙を流しました。自分の考え方の甘さに対してや今まで自分のことだけしか考えなかったバカな自分に対してのくやしさや腹立たしさなどにでした。この文集を読み終えて、まず、私の心の中からでてきた言葉は「生きる」という太い字だけでした。「生きる」、この言葉を感じながら色々と考えさせられました。

文章がおかしくて、自分でも何が書きたいのかよくわかりませんが、一つだけわかって頂きたかったのは、寿識字学級の皆さんが書かれた文集によって、一人の高校生が、全てのことに対して、絶望をいだいていた一人の人間が勇気づけられ「生きる」ことに目覚めたというか、今までの甘い考え方を改めたということを知ってもらいたかったのです。素晴らしい文集に出会えてよかったと思います。

長い手紙であるが〝勇気について〟の〈授業〉につなげて、ぼくがこの手紙を説明しながら読み、その日出席した人に応えてもらった。長岡長一さんはつぎのように書いた。

村上さんのてがみを、おさわせんぜわよんで下《くださ》れました、私にとってわ、かをじゅうがまっかになりました、わたしわこんなに、ゆわれたことわなかった、私の心ろわしさしぶりに、ゆうきがでました、あべこべにゆうきをおくってくださったこどわありがたくかんしゃいだしております
いままでなんかい、やめようかな、とをもったこどわ、かづしれない、しかし、をだがい、励まし合い、だからいままで自分にむじ《（むち）》をうったから、私わ生きることができたとおもっております　たしかに、生きるとかいだ《（かいた）》ふといかんじがそのとうりです　私わいままでに。なんかい、たすけでもらったか。いやそうでわない私しわやったんだ、そんなきがしております、これからわ、ますます私しにむじ《（むち）》があたるでしょう、しかし私しわ。なんかいも、なんかいも、ようで《（よんで）》もらって、むねのなかがあづくなりいんびつ《（えんぴつ）》がふとくなり、それでもからだが、もいる、いづもなら、なん本もつかうんだが、
今日は一本でかきました、
いんびつ、といっしょにがんばります

たった二日間だけの学校

長岡さんは、茨城県で生まれ、生まれてすぐに母親が亡くなり、後添いのお母さんと父親と三人で福島県の亜炭の炭坑にうつり、その後、炭坑を離れ、同じ福島県の山奥の開墾生活にはいっていった。その山奥で学齢期をむかえ、学校に通うことになる（長岡さんの話からすると、すでに学齢期はすぎ、十歳前後ではなかったかと思う）。しかし、その学校は、山道を歩いて三里（約十二キロ）ほども離れたところであった。

入学の最初の日、若い母親に連れられて学校まで行き、その日一日をすごして家に帰ることになる。母親は先に帰っており、一人で山道を歩きはじめる。長岡さんの帰り道を心配した若い女教師が追いついたときには、長岡さんは道端にしゃがみこんで泣いていたということであった。結局、その日は、その先生の家に泊めてもらった。

そして、つぎの日は先生といっしょに学校に行き、一日をすごし、先生に送ってもらって家に帰っている。以後、父親に叱られるのがこわくて、朝、家をでるが学校までたどりつくことができず、山のなかにはいって一日をすごすことになる。だから、長岡さんが学校に通ったのは、最初の一日と先生の家に泊めてもらったつぎの日の、二日間だけであった。

その後、父親の手伝いをしていたが、十三歳のころ家をとびだし、仕事をさがして全国を旅しはじめた。ほとんど飲まず食わずで何日も歩きつづけたり、また、畑や山のなかの食べられるものを生で食べて何か月もすごしたことがあったという。各地を転々としながらさまざまな仕事をしていくが、文字の読み書きができないことによって仕事を追われ、何度も、言うに言われぬ苦々しく悔しい想いをしたということであった。

長岡さんは、つらかったときの話もするが、そんな生活のなかで出会った他人《ひと》のあたたかさについては、今も声をつまらせながら話してくれる。一杯のラーメン、一個の焼きいも、一足の靴下、わずかのお金、他人《ひと》の涙や一声《ひとこえ》に涙して生きてきたのだ。

そして、今、寿町に来てからの生活も二十年を超えている。まだ識字がはじまっていないとき、街のなかでひらかれていた夜間学校にでるようになったが、そこでくばられる印刷物や、黒板に書かれる文字を読むことができなくて、あるとき「おれは二日間しか学校に行ってないから、字の読み書きができない。あ・い・う・え・お、から字を教えてくれ」と言って、寿町に識字を創りだしていった人である。

女子高校生の話にもどれば、長岡さんは、自分たちの書いた文章が他人《ひと》のいのちにふれるとは考えてもみなかったのであろうと思う。識字にたいする、あるいは、識字に来ている人たち個人にたいするこころない仕うちや攻撃にさらされながら、自分自身のために耐えつづけてきた者にとっては、この手紙は想いもおよばないものであった。長岡さんの書いた「あべこべにゆうきをおくってくださった」のひと言につきると思う。あらゆるところで出会う世間のつめたさに鍛えられてきたからこそ、満身のちからをこめてこの文章を書くことができたのであろう。

顔をまっ赤にし、今にも泣きだしそうにして、この自分の文章をみんなのまえで読んだ長岡さんのすがたを忘れることはできない。寿町の識字が勇気づけられ、励まされたのだった。

「たたみのうえで死にたまえ」

つぎに、東北の詩人・草野比佐男の詩「たたみのうえで死にたまえ」をつかって〈授業〉をした。つぎの詩である。

たたみのうえで死にたまえ　　草野比佐男

たたみのうえで死にたまえ
権力とも名声ともつながらず
耕していのちを終えたちちははの
生涯のついのねがいを
きみもまたねがいたまえ
そのつつましくまっとうな死にならいたまえ

たたみのうえで死にたまえ
たたみのうえで死ぬとはしかし
むかしの意味とへだたって
ひとたびそれをこころざすや烈しく吼えて屋根を剝ぐ砂まじりの風
雨はひまなく代々の梁を柱をくさらせ
ぼろを被いで耐えつづける臂の下のそれも
たたみには見えない矩形の藁床
それでもなお
たたみのうえで死にたまえ

たたみのうえで死にたまえ
たたみのうえで死ぬとはすなわち
人間を人間としてあつかわず
ちりぢりにあめかぜのそとへ逐いたてて
本来のことばの意味を否定する力に対して
一歩もひかぬ意志表示
いのちがけの糾弾

きみに人間のほこりがあれば
たたみのうえで発想したまえ
たたみのうえを砦としたまえ
たたみのうえが死場所の
人間の首尾をつらぬきたまえ

たたみのうえで死にたまえ
たたみのうえを離れるやすきについて
クレーンが咥えそこねた鉄骨に頚を折られ
ブルドーザーが押しくずす砂に溺れて　死ぬことの
なさけない末路をいましめたまえ
あるいはまたたたみのうえで暮らしながら
寒い五月のりんごの枝に首を吊り
働きすぎて倒れた野良からそのまま街へはこばれて死ぬことの
口惜しい最期をしりぞけたまえ
かたくなに　したたかに
あくまでも正統の死を待ちたまえ

たたみのうえで死にたまえ
痩せおとろえて死にたまえ
被いだぼろのなかで死にたまえ
屈服を知らない精神と剛さをきそう無精ひげを
頬に飾って死にたまえ
死にたまえ
人間の歴史のうえで死にたまえ

草野比佐男はこの詩に、自分自身へのアジテーション、とサブタイトルをつけ、自分自身を励ますために書いたといっている。ふるさとに居すわりつづける自分自身を励ますために書いたのだろう。しかし、家や土地、地縁や血縁を捨て、ふるさとを離れた人たちに向かって、それがどんなにきびしくつらいことであっても、それでもなお踏みとどまれというつよいアジテーションも、この詩にはながれている。さまざまな理由でふるさとを離れて生きてきた人間にとっては、なんとも痛く胸につきささる重い詩であると思った。

ふるさとへ帰るのか、帰らないのかということではない。ふるさとを離れたということ、帰れないということは、どのようなことがあろうとも、一人ひとりの人が、自分のちからで死ぬまで背負わなければならないことだと思う。ぼく自身、この詩を素材にしようとして考えたことは、この詩がすばらしい詩であることは言うまでもないが、それでは、寿町の人たちにとっての「たたみ」はどうなるのかということであった。人間が生きているかぎり「たたみ」はなければならないと思った。また、日常的に寿の街のなかで口惜しい無惨な死をみつづけている人たちにとって、それこそ理屈ぬきに、「たたみ」のうえで死にたいということは、直接的で、そしてもっとも身近な、身にせまる現実的なことである。ことばのうえではなく、いつもからだのどこかでこのことを想いつつ、そして話しつつ、毎日を生きている（と言ってしまうと、ひじょうにつめたい言いかたになってしまうが）、他人の死は、他人の死でないということである。

寿町にかぎらず、どこにいようとも自分の生きることのなかに「たたみ」をもって生きてほしいという想いをこめて〈授業〉をした。それでも（それはそれでいいのだが）、ぼくのちからのなさによって、やはり現実的・直接的な「たたみ」のほうに想いをあずけてしまった人もいた。

わがみをみがくとわなんともつらい

寿町の識字はつねに全公開とされており、当然、一斉〈授業〉のときも、だれがはいってきてもいいことになっている。もちろん、いいかげんなところでものを言う人にたいしては、ぼくは全力をあげてその人に立ち向かうことを、識字の原則としている。いつも出席している人はべつにして、初めて顔をだし、一杯機嫌でじっくり聴いている人、相手かまわず話しつづける人、とちゅうからはいってきて合いの手を入れつづける人、完全な酩酊状態で座っている人など、これまたいろいろである。〈授業〉は何度も中断せざるをえない。

中断して、ぼくがその人たちとやりあうわけであるが、そのこともまた識字にとっては大切なことであると思っている。なぜなら、ぼくがやりあうのを〃見物〃しながら、ぼくという人間を顕微鏡をのぞくようにして〃観察〃してくれているのではないかと思うから。いいかげんなところでゆずってしまえば、失ったものをとりもどすには、やはり長い時間が必要とされる。また、それ以前のこととして、ひとつの素材をもってはいったぼく自身と素材の質が問われてしまうのだろうと思う。

この「たたみのうえで死にたまえ」のときも、隣の娯楽室からはテレビの歌謡曲がボリューム高く聞こえ、アルコールのはいった人と何度もやりあったため、約八十分の時間中は、かなり騒々しいものであった。しかし、そんなまわりの騒々しさ、〈授業〉のまずさに関係なく、聴いてくれる人は、きちんと聴いてくれていた。

〈授業〉のあと、いつも感想を書いてもらうのであるが、長岡長一さんはつぎのように書いた。

たたみのうえで死にたまえ

人わこころである、ぼくにつめたいこころでいきてきたわがみがなさけない　つめたいこころとあたたかいこころをもっていきる　たたみは私しのははである　そうしてしんぽるです　しかしなかなか

めいない《みえない》　きりの中できいで《きえて》ます
いつかかならづあらわれます　いやちがう、しこしづどだいをくんでやりたいとおもいます　私しにわ今日のはなしがなんともいい《いえ》なかった
しやしぶり《ひさしぶり》に、ほんねのことがしった
わがみをみがくとわなんともつらい
菊くの花みてごらんさいい　きれいでしょう、しかしのびるまでたいへんです、かぜにふかれ、あらしにふかれあめにうざれ、どろがかぶって　たたかっていきる人もそうだとおもいます

青森県出身の佐藤光博さん（四十六歳）は、川崎の定時制高校を卒業し、三十九歳のとき脳溢《のういつ》血《けつ》で倒れ、以後、ものの名称がわからなくなり、漢字も忘れてしまったという人である。そのために、朝、仕事にでかけてもすぐ帰されてしまうことはしょっちゅうで、仕事は転々とせざるをえない。ものの名称と漢字をおぼえたいということで、長く識字にきてくれている。この日も仕事のあと、とちゅうからはいってきて聴いてくれ、そして、つぎの感想を書いた。

くやしいおもいでやかなしみのおもいで、なみだの中に父やははのことの中にいろいろのおもいでうかぶ

また、定時制高校を中退し、陸海空すべての自衛隊に何回も入除隊をくりかえし、全国各地で

仕事をつづけてきた高屋耕司さん（三十三歳）は、つぎのように書いた。

日雇労働者をしている限り、常に死の危険がつきまとい、心の中のたたみより現実に形としてのたたみに死ねるだろうか？　という疑問が残る。

今思うことは、例え、日雇をしていても、例え、どん底の生活でも少しでも長く生きること、いや、生きたいと願う。

そして自分の命が終わるとき、やはり、たたみの上で終わりたい。常に苦労がつきまとい、恵まれない人生だけど、少しでも幸せになりたい。そして、そうなる様に努力しなければとも思う。ちっぽけなアリにも等しい自分だけれど、踏みつぶされない様に生きていこうと思う。

通りすがりに初めて出席した太田仁さん（五十六歳）は、十八歳のとき敗戦によって中国東北部（旧満州）から捕虜としてナホトカの近くまで連れていかれ、そこを脱走し、何度もつかまりそうになりながら日本にたどりついた人である。引き揚げるまでに、すべての地獄は見てきたという太田さんは、着流しに雪駄《せった》という〝粋な〟いでたちで椅子に座ってくれた。

今晩、詩を聞いて、生きて居るのが良かったと思いました。もっと聞きたい。

酔って馬鹿な事を云ふ奴も居るけれど、それはそれで矢張り人としての本音かも知れませんね。

とに角、今晩、ここに来て良かったと思います。

昨日からアブレて焼酎許《ばか》り飲んでゐましたが、今日の畳の話を聞いて、もう少し真面目になりたい。係員さん、又、良い話と詩を聞かせて下さい。お願い致します。

大道孝さん（四十四歳）は、まえにやった種田山頭火の〈授業〉のときに初めて顔をだし、その後、ときどき出席してくれていた人である。小児マヒのため左足が悪いのであるが、毎日、仕事に行き、一杯やって部屋にはいってきて、いつも静かに聴いてくれている。

私は、たたみの上で死にたまえの問題に関して、私の思う心情は、畳の上で死ね《に》たいと思う。今日の事は、忘れぬ様に生きて行きたいと思う。

　一歩もひかぬ意志表示
　　いのちがけの糾弾

此の言葉が、今まで生きぬいて来た事は、自分として恥ずかしい事をして生きぬいてきた。自分として、これから考え、生きぬいて行こうと思う。

先生、ありがとうございます。

たすかったからよ、いい勉強になったんだよ

初めて出席した青森県出身の室谷行雄さん（四十一歳）は、〈授業〉のあと感想を書いてもらうため、ぼくが用紙をくばっていると、自分の席を立って近づいてきて、つぎのように言ってくれた（授業記録テープをおこしたもの）。〈授業〉中も、生いたちなど自分のことをたくさん話し、ぼくのまずい〈授業〉を引っぱってくれた人である。

室谷　たすかったからよ。
大沢　うん？（騒々しくてききとれなかった）
室谷　ああ、たすかったからよ。いい勉強になったんだよ。
大沢　いい勉強になった！　ああ、そう、よかった。室谷さん、まえからちょっと頼みたことあるけど、うん。なんか感想書いてくれる。
室谷　今すぐ書くのかよ。今すぐ書くのかよ。
大沢　うん、今。
室谷　今すぐ書くのかよ。
大沢　ひと言でもいいから。
室谷　まいったなあ、なんつうだなあ。
大沢　名前も書いてね。
室谷　まいったなあ、ふるっちゃうなあ。今すぐ書くのかよ。
大沢　今、思っていること、ひと言でもふた言でもいいです。

室谷　ひと言でいいんだろ。

大沢　うん、ひと言でもふた言でもいいです。

そして、室谷さんは、自分のふるさとの住所と電話番号、お母さんの名前とともに、つぎの感想文を書いた。

　みなさんのはなしいろいろこころい《（に）》のこりまこりました。

　このあと室谷さんは、このつづきはドヤで書いてくると言って部屋をでていったかと思うと、十円玉をごっそり持って帰ってきた。これから青森の田舎に電話するのだという。識字の部屋の外にある公衆電話で話す室谷さんの声が聞こえていた。しばらくすると、こんどはぼくの手を引っぱって、電話にでてくれ、兄貴と話をしてくれ、と言って電話口に連れていかれた。もちろん、ぼくはお兄さんと初めて話をしたのであるが、なにも言うことがなく、ただ、行雄さんも元気でやっているから、と言って受話器を室谷さんに渡した。

　そのあと、室谷さんに街のなかで二回ほど出会い、立ち話をしたときには、元気に仕事に行っているということであったが、〈授業〉のなかで「いなかのオヤジやオフクロのそばでやすみたい」と言っていた室谷さんが、一か月後、街の路上で争いになり、ケガをして救急車ではこばれるとちゅうに亡くなってしまった。小さいころ、お湯を頭にかぶり髪がすくなく、学校に行ってもいじめられつづけ、そのうち、学校に行くこともできなくなり、〈授業〉のなかでも話してくれたのであるが、大人になり、妹の子どもの鉛筆を枕もとから借りて、文字の練習をしたということであった。

室谷さんにたいしてなにもできなかったことが悔しくてしかたないが、せめてものこととして、亡くなる一か月まえに、ぼくの〈授業〉を聴いてもらえたということを、けっして忘れずにいようと思う。そして、毎週の識字には、人のいのちも直接的にかかっているのだということを肝に銘じてやりきっていかなければと思った。

背すじをのばし、眼光するどく、ときに涙をうかべながら

ぼくは、ほぼ五年あまり寿町の識字に通いながら、まだなにもなしえていない。ただ、この五年間、なにごとが起ころうとも逃げることだけはしないと、肚《はら》にきめてやってきた。どうにか、それだけは守れているような気がする。

ぼくが逃げださずにおれたのは、識字のなかで書かれたたくさんの文章にあらわれているように、一人ひとりの人の自分を視つめること、学ぶこと、生きることにたいするすさまじいばかりの勢いを、その折々にみせてもらえたからだと思っている。その勢いは、ぼくの目やこころやからだを洗い清めてくれるような、すこしずつではあるが、ぼくがまともな人間になっていけるよ

うな勢いであった。そして、それは、今もつづいている。

その一人ひとりのすさまじいばかりの勢いは、ことばをかえていえば〈教育〉にたいするすさまじいばかりの渇望ではないかと思う。

ぼくは最初、寿町に通いはじめたころ、〈教育〉などということばは、ほとんど頭になかった。寿町は、〈教育〉からはいちばん遠いところだと思っていた。もともと〈教育〉ということばに見あうようなことは、ぼくにはひとつもできないと思っているのであるが、〈教育〉から遠く見捨てられ、見放され、切りはなされているからこそ、魂をふるわせ、いのちを励ますような〈教育〉を、彼らは待ちのぞんでいるのではないだろうか。

ぼくのようないいかげんな人間の、がらくたな〈授業〉であっても、背すじをのばし、眼光するどく、あるいは涙をうかべて聴いてくれている。そんな姿勢や目をみると、いつもぼくは、自分がとんでもない、まちがったことをやってしまっているのではないかという不安におそわれる。そして、ぼくのような若造の話すことをひと言ものがすまいとして、全身のちからをつかって聴いてくれているということも、よくわかるようになってきた。砂に水がしみこむように、からだにことばがしみこんでいっているように思えてならない。これも、ぼくにとっては恐ろしいことだ。しかし、そのことが、ぼく自身を鞭《むち》うってくれていると思うし、励まし、鍛えつづけてくれているのだ。

〈授業〉の感想文にあらわれているように、さまざまな人がいる。まだわからぬままであるが、寿町ということと識字ということをあわせ考えるとき、素材をえらぶこと、〈授業〉をすることとは、いきつくところ、一人ひとりその人だけが、からだの奥底深くもっているかけがえのない文字やことばを表白する手助けをすることであり、さらにそのことは、身がわりすることのできない一人ひとりの人間の、今までの生きてきたこと、これから生きていくことのいのちにふれることではないのだろうか。

つまり、一人ひとりが自分の生きてきたことを問いかえし、これから生きていくということにふれうるような素材をえらび、〈授業〉の質をつくりださなければならないのだ。さらに言うならば、重くきびしいところで生きてきた一人ひとりの生と、素材や〈授業〉が正面から拮抗しうるものでなければならないのだろう。

今、寿町の識字には、切れることなく人を識字につなぎとめていく強制力はなにもない。もちろん、ぼくという人間の力量は問われなければならないが、それはたかが知れている。街のなかでいざこざや気まずいことがあれば、すっと街からすがたを消していってしまう。そして、ふたたび街にもどってくるのには、二年、三年の歳月がかかる。

どこのドヤにいるのかを聞くことができる人はいいのであるが、毎週一回のかぎられた時間のなかで、初めて顔をみせる人にたいして、なにがなんでも寿町の識字のことを覚えておいてほしいと思い、一回勝負のつもりで毎週やりつづけている。たとえそのときは、わけのわからぬことであっても、胸の奥に寿町の識字のことをしまいこんでいってほしい。街を離れ、そして、何年か後に街に帰ってきたとき、もう一回、顔をのぞかせてくれれば、と思っている。

この五年間、なにもなしえていないと書いたが、それは一人ひとりの人の、のがしてはならない、はずすことのできない、生育・生活の歴史に、ぼくがまだまだ食いこみえていないということである。一人ひとりの人が、自分のうけてきた世間のつめたい仕うちの意味をねらいさだめてほしいと思っている。もしかしたらそれは、その人の生きてきたことを、その根柢から逆転してしまうようなことになるかもしれないが、それでもなお人として踏んばり佇《た》ってほしい。

寿町のなかで人として佇つことは、その位置、場としても、かなりきついことである。しかし、このことをあたりまえのこととしてやりきっていかないことには、寿町の識字が、ではなくて、ぼく自身が、いいかげんなところで流されていってしまうことになるのだ。

ぼく自身のからだ全身が〈授業〉となるような、身をけずるような識字がはじまるのだと思う。きっと、ぼくを人間として、よりゆたかにしてくれるあたたかい世界が待っていてくれるのだという確信をもって、まえにすすんでいきたい。

識字のあゆむ道すじ

一九八九年―二〇〇三年

六〇年代初め、ともされた識字の灯

狭山事件で無実の罪をきせられた石川一雄さんは、かつて、ある手紙のなかでつぎのように書いていた。

私がもし読みかきの能力があったなら、犯人にでっちあげられることもなければ、囚われの身となって訴えるための勉強もする必要がなかったのです。

識字のことを考えるとき、いつも、石川さんの、悔しく身をよじるようなこのことばが、痛く胸にせまってくる。一審の埼玉県・浦和地方裁判所で「死刑」判決をだされたあと、猛然と文字の読み書きを自分のものとする自主学習に取り組んでいった石川さんのこのことばを想いおこしながら、日本の識字学習・識字運動の道すじをたどってみる。

一九六〇年代の初め、九州の福岡でともされた識字の灯は、文字の読み書きをできなくさせられた人たちの地をはうような地道な努力によって、きりひらかれ、さまざまな創意工夫がなされ、今、全国で燃えつづけている。識字学習・識字運動は、差別をうちかえすすべての解放運動の大切なたからものとなってひろがり、闘いの原点となっている。

福岡県の松岡ハツエさんの文章をすこし引用する（全国解放教育研究会編『にんげん　中学生』から）。

私は、田川郡香春町《かわらまち》糸飛《いとび》というところで生まれ、育ちました。家がびんぼうで、父も母もいっしょに、近くの炭鉱で働いておりました。炭鉱というところは、地下にあなをほり、石炭をほりだすのです。きゅうなけいしゃでくだります。歩くと、足ががくがくとなります。でにくいあなですので、父母はこしをまげて坑内にさがります。私は、まだ六つでしたが、弟の子もりをするため、坑内に弟をおんぶしてさがっていきました。そうして、まっくらな坑内で、泣く弟を一日じゅう子もりをして、私もともに泣いたことがあります。

松岡さんは、同じ文章のなかでつぎのようにも書いている。

文字をしらない私たちのくやしさなどは、みなさんには、わからないことと思います。たとえば、会ぎなんかにいっても名まえも書けない。いろいろなしょるいなどがまわってきたときには、目の前がまっくらになり、しんぞうがとまってしまいそうです。学校のさんかん日も、一年生のときに、一、二回いって、あとはいきません。いけば、名まえを書かねばなりません。私は字をしりませんので、いくのがつらくていけませんでした。子どもが学校のれんらくぼをもってかえっても、わからないので、そのままにしておくから、子どものせいせきにもえいきょうしてきます。おなじ部落の人からも、字が書けなかったらけいべつされます。くやしくて、くやしくてなりませんでした。いつもいつも、そのことが心の中からはなれたときがありませんでした。

さらに、松岡さんは書いている。

このねこのひたいほどの浦の谷のせまい土地にしがみつき、はいつくばって生きてきた私にとって、浦の谷はうらめしい土地でしかなかったのだが、字を習い、私はふしぎに、浦の谷のけしきが美しいと思いだした。田んぼの中でかまの手を休めてこしをのばしたとき、浦の谷の空の色がこんなにきれいだったのか、夕日がこんなに美しいとはしらなかった。

また、べつのところで熊本県の村本はつさんは、

わたしは、つい　せんじつまで、いちじのもじもよめず、いちじのもじもかけませんでした。そのため、ちいさいこどもからでさえ　さべつされ、しにたいようなおもいになったこともたびたびでした。

という書きだしにはじまる長い文章を書いた。ある集会に参加して発言したつぎのことばが、村

本さんの識字学習のきっかけだった。

「わたしは、いちにちも　がっこうに　いったことがありません。それで、がっこうでさべつされたことはありません。ですが、わたしが　もじをしらないために　うけているさべつや　くるしみは、がっこうにいったひと　いじょうかも　しれません。わたしは、いま、もじをしりたくなりました」

そして、村本さんの識字学習がはじまっていった。

つぎに、なまえのれんしゅうを　しました。「むらもとはつ」という　じぶんのなまえを　はじめてかいたとき　「じぶんが　五十二ねんかん　せおってきたなまえは、こんなじであらわすのか」ということをはじめてしって、なんともいえないうれしさでした。このなまえをかけないために、どれだけつらく　くるしいおもいをしたことか、かきながら　なみだがこぼれました。せんせいがかえられたあとでも、ひとりで　なんかいも　よんだりかいたりして、よろこびがいっぱいでした。

（熊本県同和教育研究協議会編『きずな　小学校高学年』から）

これは、識字学習のなかで書かれたほんの一部の文章であるが、このようにして日本の識字学習・識字運動は、はじまっていった。

学校教育に切りすてられた人びとの闘い

学校に通うことのできなかった子どもたちや大人たちのための、民衆の知恵ともいえる学びの場は、時代をさかのぼって、たくさんあった。それは寺子屋であったり、夜学校であったり、夜間小学校であったりした。このように場所の定まったものでなく、月づき、決まったころにやってくる行商のおじさんから〝いろは〟を習ったという話もきいたことがある。また、戦前には、在日朝鮮人のための夜学校がひらかれていたということも見落としてはならないことだ。

これらの学びの場に、仕事の休み時間や一日の労働を終えた子どもたちや、あるいは大人たちが、黙々と通うすがたが目に浮かんでくる。全国水平社の闘いをみるまでもなく、「読み書きソロバン」が、自分を学ぶこと、人間を学ぶこと、生きるちからを学ぶこと、そして、闘うちからを自分のものとすることに、つながっていった。戦前・戦後を問わず、学校教育から切りすてられ、うちすてられてきた人たちの、学ぶことにたいする計りしれない願いや望みが、これらの学びの場(識字)をささえてきた。

どのような地域、どのような場所、どのような時間であっても、一人の識字学習者がいれば、識字の学びの場は成り立っていく。なぜなら、目にみえるのはたった一人の学習者かもしれないが、その人の後ろには、何十人、何百人、何千人の識字学習を待ちのぞむ人たちがつづいているのかわからないのだから……。

今、世界には、文字の読み書きをできなくさせられた人たちが、約九億人いるといわれている。世界の人口が五十億人ほどとして、五人に一人は文字の読み書きができないということになる（一九九〇年時点）。その多くはアジア、アフリカ、ラテンアメリカなどに集中しているが、先進国といわれる国ぐににおいても、労働をもとめての出稼ぎや移民、さらには、その国そのものの教育のひずみやゆがみによって、今日もなお、文字の読み書きをできなくさせられた人たちが、つぎつぎと生みだされている。

世界でも先進国を誇り、有数の教育国といわれる日本においても、文字の読み書きをできなくさせられた人たちは、二百五十万人とも三百万人ともいわれている。戦前の教育だけではなく、戦後の教育のなかからも、文字の読み書きをできなくさせられた人たちが、全国各地で識字学習をしている。

「大学あれば識字あり」といわれるように、日本の学校教育がはじまると同時に、その教育の場にたどりつけなかった人たち、切りすてられ、うちすてられた人たちの身銭をきった手づくり・手べんとうの学びの場がつくられていった。

そうして、識字学習・識字運動として、被差別の世界を生かされてきた自分自身をふりかえり、そのめざすところをよりあきらかにして歩みはじめてから、ほぼ四十年になった。五十音の文字の読み書きから識字ははじまっていくのであるが、けっして、それだけにとどまらなかった。

文字を自分のものとしたことによって、自分の毎日の生活、生きてきた道すじ、被差別の世界が、わがこととして、はっきりしてきた。かたく閉ざされていた口がひらき、文字は、ことばは、闘いの武器になっていった。被差別の世界のかたく閉ざされたことばに、からだに、息がふきこまれ、生きかえったのだ。見えなかったものが見えるようになり、聞けなかったことが聞けるようになり、自分のまわりの世界そのものが大きくひろがっていったのではないだろうか。

文字の読み書きができなかったときは、なにも見えず、なにも聞けず、その世界もせまかったということではけっしてなく、識字のなかで学ぶことによって、からだの奥底深く秘められていたものが、その人のちからとして噴きだしてきたのだ。そして、文字とことばとからだが、ひとつのものとなり、自立自闘の解放運動の道に一歩、ふみだしていった。

識字は、自分自身のありようを変えると同時に、まわりの人たちのありようをも変えていった。部落解放同盟をはじめとする全国各地で書かれた識字作品（文章）は、私たちに生きるちからを、闘うちからを分けあたえてくれ、深く感動する。書かれている作品（文章）のことばは、生身の人間のからだの奥底からの声であるような気がしてならない。人間のからだの奥底からの声は、やはり、あたたかく、やさしく、そして、勁《つよ》いのだろうと思う。

さらに、その声は、絵となり、紙芝居となり、朗読劇や演劇となって、表現をひろげ、これらの表現は、被差別のがわの闘う文化の土壌となってきている。

識字の歴史をふりかえるとき、たくさんのことが想いうかんでくる。六〇年代初め、福岡県の被差別部落で「開拓学校」として識字学習がスタートしたころ、高知県の被差別部落では「教科書無償配布」の運動が起こった。「義務教育は、これを無償とする」という憲法第二十六条にもとづく権利要求の運動として取り組まれたものだった。十分な教育を、あるいは、まったく学校教育をうけることができなかった被差別部落の親たちが、この権利要求の闘いを起こしていったということだ。

そのころの生活は、自分たちが子どものころとそんなに変わらぬ苦しいものだった。教科書・学用品代をはじめとする学校の諸経費を払うことのできないきびしい状態だった。そんななかから、学校教育にたいして、親子二代、三代にわたるつらい想いを、せめてわが子の世代には味わわせたくないという切実な願いが、全国的な義務教育の「教科書無償配布」として実を結んでいった。この闘いをもっともつよくささえたのは、学校教育から切りすてられ、うちすてられ、文字の読み書きをできなくさせられた人たちだった。この闘いのなかから識字学習がひろがっていくのであるが、この闘いそのものが、大きな識字学習・識字運動であったように思われる。

ゆたかな時代の子ども・若者の識字問題

八〇年代後半から九〇年代にかけて、たくさんの出稼ぎの外国人労働者が日本にはいってきた。

南米の日系人やその家族、中国や韓国をはじめとする東アジア、東南アジアからの外国人労働者だった。ユネスコ（国連教育科学文化機関）の提唱によって九〇年からはじまった〝国際識字年〟を契機として、これらの外国人労働者が、部落解放同盟の各支部でひらかれている識字教室や解放学級などに参加し、日本語学習をするようになっていった。さらに、各地にある国際交流協会などを核にして、外国人労働者の日本語支援を目的とした多くの日本語学級もうまれた。

それは、たんなる日本語支援にとどまらず、広範な人と人との新しいつながりをつくりあげていった。それはまた、九五年の阪神淡路大震災のとき、被災した被差別部落の人たちや在日一世の朝鮮人や外国人労働者の救援においても、大きなちからとして発揮された。

まだまだ十分とは言えないとしても、要望に応じた各種の日本語支援のネットワークができたことによって、遠く見えなくさせられていた日本の識字の現場が、そのすがたを鮮明にすることができたのではないかと思っている。

また、義務教育未修了者が約百七十万人いるというなかで、関西などにおける夜間中学校の活性化も、識字の現場としていっそう重要なものとなってきている。公立化をめざしての自主夜間中学校の活動も地道におこなわれている。定時制・通信制高校や夜間中学校の統廃合がすすんでいるが、希望するところでいつでも学ぶことのできる場の確保も、識字運動の課題としてある。

今日、識字と学校教育についても数多くの議論がされている。識字と学校教育はほんとうは、学び生きることにおいて同じものでなければならないのに、まったく異なったものとなってしまっているように思える。

八〇年代の初めから急増した子どもたちの不登校、義務教育の形式卒業、あるいは高校中退、それらとオーバーラップするようなかたちのひきこもりの問題など、二十代・三十代の若い人たちの識字問題も浮上してきている。文字の読み書きのできない子どもたちや若い人たちが、ぞくぞくと生みだされてきているのではないか。心のケアもふくめたカウンセリングの識字や、パソコンなどを利用した「機能的な識字」も要請されているのだと考える。

識字は明治期以降の近代学校の差別教育が生みだしたものだったわけであるが、現代の子どもたちや若い人たちのおかれている状況も、その根源はまったく同じで、生みだされるべくして生みだされてきたものだ。これらの若い人たちが、どのように社会参加していくのかわからないが、願わくば、彼ら・彼女たちに自分を表現していってほしいと思っている。その表現は、どんな方法であってもいいと思う。それがどのような、自分の生きている（生きてきた）世界であったとしても、そのとき自分がなにを考え、思い、生きてきたのか、生きているのか、生きていこうとしているのかを表現してほしい。

識字は、文字の読み書きができるかどうかだけの問題ではなく、人間の生きてきたこと、生きていること、生きていくことのすべてにかかわる自分自身の問題であり、さらに自分のまわりの人たちとの関係の問題だ。それをどのようにして、新しい自分を生きるためのバネにしていくのかだ。

識字の場で、かつて文字の読み書きをできなくさせられた人たちや、その場に同席した人たちの語ることば、あるいは、書かれた文字や作品（文章）は、そのとき、その識字の場にいた人たちの共同のたからもの、ゆたかな財産としていくことが大切なことだ。一人のつぶやきやひとりごとを、共同のつぶやきやひとりごとにできる、こころゆたかな識字学習・識字運動の場を全国各地につくりだしていきたい。

最初の石川一雄さんのことばを想いおこしながら、

みそやしょうゆは、となりから借りられたけれど、字は借りられなかった

という、識字にむかっているある女性のことばもかみしめ、識字から解放運動の道すじをきりひらいていきたい。

3章　見つめかえす、ことば

オモニたちの「声」　二〇〇二年

一世のオモニが識字の席について

一九八五年ごろから、寿町に住んでいる在日一世のオモニたちや外国人労働者が出席するようになって、識字のようすもすこしずつ変わっていった。

これは今もそうであるが、寿生活館はエレベーターが設置されていないため、車椅子などの「障害」者は、自力で四階の識字をやっている部屋に上がってくることはできない。そのため、識字をしていることをことさら公にすることは一度もしていない（街のなかには、車椅子で生活している人がかなりいる）。聞き伝えでの参加者を待つしか方法がない。

九十三軒ほどある簡易宿泊所のオーナーは、ほとんど在日朝鮮人であるから、いつかその一世の人たちが識字の席についてくれるであろうことは予測していた。まえに書いた、識字をしていたマンションのオーナーである金《きむ》孟任《めんにむ》さんが人づてに聞いて、在日朝鮮人のオモニとして（亡くなったぼくの母親と同じくらいの年齢なのでオモニと言う）、初めて寿町の識字の席についた。

金さんは、当時、六十七歳だった。
一九一七年生まれだから、今年、八十五歳になる。白内障の手術などをしていくらか視力が衰え識字には出席していないが、変わらず元気に街のなかの自営の食品店で仕事をしている。一九三〇年前後に日本に来て、十四歳で子どもを産んだという。ときどき出会うが、その長男は七十歳を超えた。日本の植民地支配下朝鮮で、父親は徴用で日本に渡り、四人の姉弟の長女として母親をたすけ、きびしい生活をささえた。日本に来て結婚してからも、病弱のお連れあいの世話をしながら、女手ひとつで四人の子どもを育てた。

きようのしをよんて。むかし私しの家いい《(に)》秋きいなるとこっスもス《(コスモス)》はなが　たっさん《(たくさん)》さいっ《(さいて)》でいました

春るは　おば家おいっくと　まつばろ《(の)》花なが　たっさんさいってにました　いま花ろことゆと　そのころことが　めにうかんてきまつ

私しわ　いまても花なをみると　ちさいとっきの花　あろ花な　この花のことが　をもいたします

私しわ花な　たにすき《(だいすき)》でっす

きよねん　ぐんまけん　ろしまおんせんいいったとき　こスもスはなか　たっさんさいっていたろて

花をよぜで《(よせて)》　かおによぜて　むかしろことをもいたし《(おもいだし)》　むかし　ちさいとき　家えまい《(まえ)》さいていった

こスもスろことを　なスかしとおい《(おもい)》ました

金さんのあたたかい文章だ。子どもたちもそれぞれに成人し、やっと自分の時間をもてるようになって、六十七歳のとき識字学校のひらかれていることを知り、でかけてきた。花の大好きな金さんが、群馬県の野島温泉に行ったとき、たくさん咲いているコスモスを見て、六十年ほどまえ、故郷の庭に咲いていたコスモスのことを思いだし、コスモスを顔によせてなつかしんでいる。辛酸つづきの子どものころのすべての情景を想いうかべていたのだろうと思う。

きようは　二月四日でず
きようは　木よ日で　私のはやぱん《はやばん》てした　あさ寒くて　てがかじこんで《かじかんで》いました　おさないころでした　わな《わら》をづふっしで　かもづ《かもつ》おあんで　いちばえたすろい　いっそっけっめい　あみました　いまても寒むくなるど　あろころ《あのころ》が　をもいたします　어머니《おもに》わ　木てすっくた《つくった》韓国ことばて　みでんいどゆろて　わらをずふし《つぶし》ます　そこて　私わ　わらをおりかいしをするろい　でかすめたに《つめたい》ろててを口ちいもっていっくと　어머니《おもに》わ　私しろてをとて　母ろ《おもにの》ふとろえいえれてくえました　いまかんがえば　어머니《おもに》わ　ろんないづめたかたろ《どんなにつめたかったろうと》とをもいます
いっきるかためとゆいますか　私しろ어머니《おもに》わ　子ともため　雪なかはっくものなく　はたして《はだしで》　かますを十五まいほと　あたまうえいろせて　やっくいっちりほとろ《いちりほどの》　みちおはしり　それうって　こめやいろいろかって　きようた《きょうだい》四いんて　かぞっく《かぞく》五いんてしたか　たべもろかなっくて　なんきた《なんぎだっ》た《た》とおもいいます

父親《あぼじ》　日本いきっていないし　母親《おもに》たっけ　ないもないところて　あたしたち兄弟四人お　そたてで
くれたことをおもうと　私しろ어머니《おもに》わ　ほんといえらかたとをもいます
むかしことをもい　なみたかてで　ようくみえません

一九三五年ごろ、日本の植民地支配下朝鮮で、アボジは「徴用」で日本へ働きに行き、オモニは、四人の子どもを育てるのに藁《わら》をつぶして貨物（ドンゴロス・袋）を編んで、それを市場にだして生計をたてていたのだ。金さんは長女で、十歳ぐらいのときのことだ。金属製の鍋、食器、箸、スプーンまで「供出」で取られてしまったとも話してくれた。藁の折りかえしの手伝いをしていて、手がつめたいので、手を口にもっていくと、オモニがその手をとって、オモニの懐《ふところ》へ入れてあたためてくれた。それを思いだし書いていたら、涙があふれてきてしまい、手もとが見えなくなってしまった、という文章だ。

毎週、識字のある日、ぼくは金さん宛の簡単な手紙を持っていっている。識字でいっしょに勉強できたおかげで、つたないぼくの手紙を読んでもらえることは、ありがたいことだと思っている。

破かれた練習用紙

金さんが識字の席に座ることによって、識字のようすが、がらりと変わった。きれいな銀髪で、背筋をのばし、毛筆で書くように鉛筆を持ち、静かにゆっくりと書いているすがたには、威厳があった。

それまで一日の仕事が終わったあと、一杯飲んで食事をして、機嫌よく識字に出席していた男性たちは、金さんの勉強しているすがたを見て、だんだん静かになっていった。金さんに「真面目にやりなさいよ」とか「飲みすぎてはいけませんよ」とか「明日も仕事に行きなさいよ」とか、たびたび注意されていた。彼らのオフクロとさほど年齢の変わらない金さんに、気づかいされていろいろ言われることは、彼らにとってなんとも居心地の悪いものだったのではなかったか。だんだん彼らは、識字から遠ざかっていった。

彼らと入れ替わるようにして、金さんに声をかけられた在日一世のオモニたちが、つぎからつぎへと識字の席に座るようになった。多いときは、出席者十人ほど全員が一世のオモニたちだったこともあった。オモニたち、一人、二人は静かだが、五人、六人になるともうにぎやかだった。十人となると、もう示しがつかなかった。お手あげで、流れにまかせて、どうぞお好きなようにやってくださいという心境だった。でも、そのにぎやかさは、うれしいものでもあった。言うに言われぬしんどいところを生きてきた彼女たちが、しんどい顔で識字の席に座っていたら、ぼくはたまらなかったと思う。彼女たちのにぎやかさが薬になったのか、胃の痛みはすこしずつ引いていった。

家でも勉強したいから「宿題」をほしいと言われたのもこのころだった。「宿題」など考えてもいなかったが、しかたがないので、そのときどきの季節や行事のことやぼくの思っていることを書いた文章と、カタカナと漢字の練習用紙を、毎週、手書きで八枚ほど渡していた。負担にならないように「無理してしなくてていいですよ」と言っていたが、彼女たちは、「肩がこる」「首すじと背中が痛くなる」と言いながらも、それぞれに練習したものを届けてくれた。

つらいこともあった。あるとき、一人のオモニが、くしゃくしゃになり、破れたのか裏にはセロテープの貼られた、先週渡した練習用紙を持ってきていた。どうしたのかと事情を聞くと、涙をいっぱいためて、家で書いていたら、お連れさんがそれを取りあげ、破り、くしゃくしゃに丸めてゴミ箱に捨てたのだという。彼女はゴミ箱からそれを拾い、アイロンをかけ、裏をセロテープでつないで持ってきたのだという。ぼくも、涙がでそうになった。謝った。お連れさんの気持ちもわかるような気がした。

そのお連れさんも、ひょっとしたら、彼にとって外国語である日本語の読み書きができない人だったかもしれないが、ある日、突然、日本語の読み書きのできなかったはずの彼女が、一生懸命、鉛筆をもってなにやら書いているのを見て、言いようもなく肚がたったのではないかと思った。つらくて、なにも言うことができなくて、ぼくは「もう家でやらなくてもいいですよ」と言った。でも、彼女は、きょうも「宿題」をください、と言った。罪深いことをしているようで気持ちは重かった。

今日　たーいへん　おやくに　だちましだ

一世のオモニたちも高齢となり、亡くなった人たちもいるが、五年間ほどつづいたオモニたちとの識字で、ぼくは、彼女たちの生きてきた道すじから、たくさんのことを学ぶことができた。ぼくの朝鮮観・朝鮮認識は、このオモニたちから学んだものだ。そんなにまちがっているとは思わない。このオモニたちと出会うことができたから、今、朝鮮の歴史や小説を、具体的なこのオモニたちの顔や声や冗談を想いうかべながら読み、考えることができるようになった。ぼくにとって、貴重な五年間であった。

ここで、ほかのところで収録できなかったオモニたちの文章を、すこし載せておきたい。

日本の植民地支配下朝鮮で設置された「日本人小学校」に通いたくて、それが許されず泣きつづけたという在日一世の成《そん》且善《ちゃそん》さんは、識字で初めてつぎの文章を書いた。

1987年2月6日

わたしは　おさない　ころ　がっこう　いくのが　ゆめでした
せんせい　おはようございます　こんにちは　こんばんは　せいとの　すがたに　とっても　あこがれました。
でも　わたしは　おかげさまで　しきじがっこうに　であって　ゆめを　はたしたとおもい　とっても　うれしいです。

侵略していった日本の「日本人小学校」の日本人教師に、その学校に通っているほかの子どもたちは、村のなかで「先生」に出会ったとき、朝晩のあいさつをしている。しかし、且善さんは、村のなかで出会い、その人が「先生」であることを知っているのに、自分は学校に通っていないからあいさつができなかった。且善さんの学校にたいする想いや夢は、先生にあいさつすることだった。

且善さんは一九二七年生まれで、金孟任さんより十歳若く、今年、七十五歳になる。この十五年ほどの識字学習で厖大《ぼうだい》な量の文章を書きのこしている。かつて外国語としての日本語の読み書きのできなかった在日一世のオモニとしては、こうした人は日本のなかにもそういないと思う。且善さんの文章を、もうすこし書きうつしてみる。

今日　たーいへん　おやくに　だちましだ　よろこんでかきまず　すちんのおつかいを　いせさきちょう横浜きんごうにいっだら　だい人《だいりにん》にきたから　りゅうをかきなさいどいわれで　かけないといゅ《いっ》

うだら《たら》　わたしたちのせんせいとおなちく《おなじく》　かみにかいでくれましだ　かっこうのよりは　ちっど
くぬくぬはしましだげど　かくとき　かっごうをおもいたし　よろごび　えがをで　えがきみだいに
ちしんまんまん《じしんまんまん》にかきましだ　りゆうと　おところと　すちんのなまいとかいだら　かんちとかなと
げっごうありましだ　ばんちは　みんなぬかしでかいでやっだら　よろごんでいました　あのおちょ《おじょ》
うさん《うさん》のえがおで　わだしもつられで　にごにこしたどおもいまず

1988年3月17日

人間が　いちばんだいち《だいじ》は　えがおう《えがお》　横浜きんごう一バンマトくチ　みついさんとしきちのおかげ
さまて　うまれではちめで　かんちをかいで　人のまえ　みせましだ　61年ぶりに　すっせ《しゅっせ》いした
とおもいます

つぎの文章は、仲間とマレーシアなどを旅して帰ってきたときのものだ。

人間が　たびにであるくのも　自分の名をかげなげれば　みちめでした　ひごうきを2かいものりか
いだり　まれしゃぁにいっだりするのに　2ども3ども　しゃぁいん《さいん》がいるし　めんぜいでんで　お
かいものしーようどしても　しゃぁいんがいるし　識字学校のおかげさまて　しゃぁいんをしながら
せんせいの笑顔がちらちらうかびました　ちからにする　だいめいもかんしゃぁしまして　かんしゃ
ぁしい　むちうになって　名を　みっつもあるだげかいだり　少年の気分て　あがって　とっでもい《い》
しょうがし《そがし》かった　それでも　ばち《はじ》を　ごうふくど《こうふくと》思って　自然に感謝　家族にも感謝しまして　よ

いお天きにめぐまれて　ぶちにかいってきました　せんせい　みなさん　おかげさまて　よいぐうき
いっぱいすって　ものめすらしいしょうくち《しょくじ》も　いっぱいだべてきました
かいど《がいど》うさんど　でんじょういんさんに　ごんどは　私あうどき　ローマ字をならってきますからね
ど言ました

１９９６年2月2日　金曜日

語り口そのままが、文字になっている。在日一世のオモニたちの文章のことばにも、ぼくは手をいれないことにしている。彼女たちは自分の書いた文章をみんなのまえで読むとき、一字二字抜けていようが、独特の抑揚をつけ、気持ちよさそうにみごとに読んでいる。ぼくは、この彼女たちのことばこそが、在日の重い歴史だと思っている。このことばによって、関東大震災を想いおこすまでもなく、いかに多くの親子や孫との関係が断絶したり、みずから傷ついたり、傷つけあったり、いのちが失われたりしたことか。そんな日本語のことばであるからこそ、ぼくは識字のなかでは大切にしていきたいと思っている。そして、在日一世の女性の歴史もあきらかになっていくのだろうと思っている。

国がちがっても　先祖人間のたねは　おんなちたねたなと

同じく在日一世のオモニ、金《きむ》斗伊《とうい》さんは、「昭和天皇」の葬儀のテレビ映像を観て、そのことについて、自分の部屋で書いたものを持ってきてくれた。

日本　平成元年二月二十四日　日本の天皇陛下　おそうしきを見ました。かんしょう文をかきました。
国がちがっても　先祖人間のたねは　おんなちたねたな《（おんなじたねだな）》とう思いました。天皇陛下　おそうしき　風俗が　昔　韓国　王様　おそうしき　風俗くと　おんなちく　センイへ死体をいれて、多ぜな人たちが、かたえ　かさえで《（かつぃで）》　おはかまていくのみましたら一つもちがいありませんてした　それこそ、れいたましはいった。エンイ一台、生きているうっちにもっていた貴重品いれた。エンイ一台とついていくの見ましたら、昔、歴史てきのおそうしきの風俗いっしようてしたから。人間のたねがおんなちたことかんがいました。
（センイ、エンイは、柩、箱のこと――筆者）

作家の小田実が『オモニ太平記』（朝日新聞社）で、在日一世のアボジやオモニたちがこの天皇の葬式をテレビで観ていたとしたら、きっと、自分の祖国の葬式と同じではないかと思っているにちがいないと書いていた。そのとおりの文章を斗伊さんが書いてくれたわけだ。日本の天皇の「出自」が百済《くだら》であることはあきらかになっているが、斗伊さんの文章を読みながら、なるほどと思った。今、斗伊さんは、ソウルに住んでいる。八十五歳になっているはずだ。

同じく在日一世の孫《そん》渭洙《うぃす》さんは、学校に通えなかったことについて、つぎのように書いた。

> 私が八才のときに　きんじょのともだちはみんな学校にいっているのに　私は学校へいれてくれなくて　ともだちが学校へいっているあいだは　とてもたいくつになりました　となりのおばさんが私のおかあさんにいいました　なんで学校へいかせないんですかとたづねました、おかあさんは　とをくにひっこしをするのでといいました。そして、私しは　学校へいかせてくださいとせめることもしませんでした　そしてともだちがかへってくると、いっしょにあそびます　学校ごっこをしてあそびました　そのとき　本をもってきてひらいてよんだりするとき　私は　そばにいて　そのじをおぼえるようになりました。そのときおぼへたのは　ハナハトマメマスをおぼえました。それっきりで　とうくにひっこしました。それからわ家のおてつだいしたり　いもうとやおとうとたちの子もりしたり字をみるとかよむとかかくこと　しませんでした。それからいままで　せいかつしていきていくのにこまるときがたくさんありました。いまになって、自こりうで　よんだりかいたりちょとしました。

いつもいつも子どもたちが学校から帰ってきて、学校ごっこをしていたわけではなかったと思う。おそらく、ときどき子どもたちのなかでおこなわれる学校ごっこが、渭洙さんの唯一の学びの場であったのだろう。

ブラジルから来た上運天さん、ペルーから来たベセラさん

ぼくの識字も十年ほどが経過し、一九九〇年になっていた。国際識字年もはじまっていた。法律の改正によって、ブラジル、ペルー、アルゼンチンなどの南米からの労働者が急激に増えた。フィリピンやタイなど東南アジアからの労働者は、寿町やその近辺に住んでいたが、南米からの労働者は、寿町ではなくそれぞれの就業先の近くに住んでいた。

国際識字年を契機にして、日本語教室などが活性化し、それらの人たちともつながりができていった。そのつながりのなかで、ぼくの個人的な関係もふくめ、南米からの労働者が識字に出席するようになった。ぼくの出会った日系の二世・三世の人たちは、高学歴で、日本語の読み書きもでき、不自由はなかったが、日系ではない人たちの日本語の習得には切実なものがあった。

上運天《かみうんてん》ヨシオさんは、ブラジルから来た日系三世だ。移民初期のころ、祖父母が沖縄から移民した。上運天さんは、ブラジルの大学で経済学を学んだあと、弟と妹の大学の学費を稼ぐために日本に仕事にきた。五年間ほど、徹夜の電気工事の仕事などをしながら、ブラジルへ送金をつづけ、無事に二人は大学を卒業した。上運天さんの予定としては、送金が終わったあとは、こんどは自分のためにイギリスで語学の勉強をしてブラジルに帰り、夜間の大学院でもうすこし経済学

を学びたいということであった。その後、通信教育の仕事（家族で日本にきている子どもたちのためのポルトガル語の）などをしながら、まだ日本にいる。自分の勉強はどうなったのかわからないが、たいへん貴重な人だ。送金をつづけていたころの文章だ。

11月18日です。しごとのこと。
まえのげつようびに、5じはんぐらいです。あさはやく、しごといきました。その日がさむい日がでした。8じから　しごとはじめました。よていのしごとが　おくじょう　いちばん上。ぼくは　かんがえました　きょうは　まいたなぁ、すめたい　かぜがふきました。
そろそろ　ぼくのまえに　きたやさんのひと　つうかしたです。そのひとりは　おばあさんです。60さい　みたい。そのおばあさんは　ねこの車もていました。おもいにもつみたい。ヘルメットのうしろかきました。ささき、ささきさん　げんきいっぱいのかおでした。ぼくは　とてもはずかしいでした。26さいです。
そして　その日から　もと　がんばりました　ささきさん　ありがとうございました。

寒い朝、仕事にでかけた。つめたい風の吹くビルの屋上での仕事だった。寒さに震えあがっていると、「きたや組」のおばあさんが一輪車（通称ねこ車）を押して通った。「ささき」という名前の人だった。自分は二十六歳、元気いっぱいに仕事をしているおばあさんをみて、恥ずかしかったというのだ。ブラジルにいる上運天さんのお母さんも六十歳で、文字の読み書きができないということを話してくれたことがあった。この文章を読むとき、上運天さんは顔を真っ赤にしていた。ああ、お母さんのことを書いたのだと思い、お母さんのことですかと聞いたら、うなずいていた。母親ゆずりか、とにかくよく気のつく懐の深い青年だ。もう三十三歳になっている。

ブラジルやペルーやアルゼンチンやパラグアイなどから、多くの人たちが識字の席に座った。九〇年の法改正によって日系ではない人たちも就労できるようになって、その民族のルーツは多様化した。

そのころ、いちど南米を訪ねてみたいと思うようになっていた。文字や写真ではない、ほんとうの南米の大地の上に立ち、食べ、飲み、匂いを嗅いでみたいと思うようになっていた。ブラジルへは、飛行機だけでも二十四時間かかるということだった。その二十四時間も、どんな想いの二十四時間なのか味わってみたかった。南米からはるばる日本へ来る人たちの生活の、ほんの一部でも知りたかった。それは実現でき、多くのことを学ぶことができた。やはり、実際にその国に行ってみることが、いちばん大切なことなのだということがよくわかった。

ペルーから来ているベセラ・マヌエルさんは、二度ほど帰国しているが、日本での生活も約十年になる。ベセラさんはスペイン系ペルー人で、お連れさんが日系二世だ。ペルーの大学をでて公認会計士の資格をもっているが、それでは食べていけないということで、日本に仕事に来た人だ。

今日は六月二十三日です。
六月一日から　とうしばこうだんのししゃでしごとをしております。そのこうじょうは　はねだくうこうのまえにあります。うみのそばにたてております。いっぷくするときは　げんばからでて　ひこうきがとんでいるのがみえるし　ふねがうごいでいるのがみえます。それに　しらないひともつりをします　ほんとうに　けしきがいいです。
わたしは　今　きかいをあらうしごとをしています。ひじょうによごれたきかいをあらってペンキをぬらなければなりません。
まいにち二時間　ざんぎょうをして　からだがつかれてしまいますけど　おふろにはいてきもちがいいです。

二人の息子さんと娘さんといっしょに家族五人で住んでいたときもあったが、長男だけがペルーに帰り、大学の医学部に進学している。ベセラさんは識字に通いながらクレーンの運転資格をとり、それが今の仕事に役立っている（日本人もふくめ、クレーンの運転資格をもっているのは彼だけということで）。
不況やリストラで、多くの外国人労働者が仕事を奪われてしまった。ベセラさんの現場でも十人ほどいた外国人労働者の仲間も、今はベセラさんだけとなっているという。日本語はもとより、よく勉強したと思う。もう一人の息子さんは県立高校に、娘さんも地域の小学校に通っている。

今、四十六歳のベセラさんもいずれはペルーへ帰るのであろうが、子どもたちの学業のことを考えると、もうすこし日本での生活をつづけなくてはならない。

このころから、南米からだけではなく、さまざまな国の人たちが顔をみせるようになっていた。寿町には、一九八八年のソウルオリンピック以後、とくに韓国からの朝鮮人労働者が大挙はいってきて、街のなかに住み、仕事をするようになっていった。年齢もさまざまで、子どももふくめた家族ぐるみでの労働者も増えていった。子どもたちは、初めは放置されたままであったが、子どもの権利条約を日本が批准した（一九九四年）のち、校区の公立の小中学校に通うようになった。今、地域の小学校に約四十名ほど、韓国からの労働者の子どもたちが通っているという。

外国人労働者をふくめた識字が、この十年間ほどつづいてきたが、不況による人員削減や工場閉鎖などによって、帰国を余儀なくされているのが現状だ。バブル期以後、なにか技術や資格をもっていないと就労はきびしくなってきている。外国人労働者の就労先も底をついてきているのではないかと思う。技術や資格をもった人たちは定着し、そうでない人たちは、帰国するか、日本ではない他国の労働現場に移っていかざるをえない時期になっている。ふたたび日本が好景気となって、外国人労働者が多く入国して来ることは、もう考えられない。

今、日本には南米からの労働者がいちばん多く、その多住地域ではいいのだが、そうではないところに住んでいる人たちの子どもたちが、地域の学校のなかで痛めつけられている。横浜市や近隣の市町村の義務制の学校には、外国籍の子どもたちが多く在籍している。また、かつて難民であった人たちや中国から帰国した人たちの子どもたちが地域の学校に通い、これまた複雑な問題に直面してもいる。

おろそかにしてきたわけではないが、これからは、外国人、日本人を問わず、日常の生活もふくめた個別支援の識字の準備をしておかなければと思っている。

内なる抑圧と生の来歴をひもとく

日本の識字の学びには、自分の生きてきたなかで受けざるをえなかった精神やこころの傷と、どう自分のちからで向きあうことができるかどうかが、そして、それをどう超えていくことができるかどうかが、重要な課題であると思っている。読み書きのできないことによって、一歩も二歩もひいた生きかたから、一歩も二歩もまえにでる生きかたをどう選択しきっていけるかどうかが、識字においてはつねに問われているからだ。これは、文字の読み書きができるかどうかにかかわらず、個々一人ひとりに、普遍的な課題としてあるのではないか。そのことを解きあかしたくて、もうすこし書いてみる。

ぼくが識字に通うようになった初めのころは、識字に出席する人たちの人間の全体像というか、個々一人ひとりの生活がよく理解できていなかった。もちろん生きてきたなかで、精神やこころにどんな傷をうけてきたのか、その生いたちを話してくれる人の話を聴きながらも、ぼくにはそれを理解するちからがなかった。話の中身に圧倒されてしまっていたのだ。その傷が、家族あるいは親族からうけたものなのか、社会（子ども社会、大人社会のすべて）からうけたものなのか、それはどんなかたちであったのか、そして、そのときのまわりの人たちとの関係はどうであったのか、その人の語る一方的な話を聴きながら、やはり、わからなかった。たしかに、わかりようもないことだった。

しかし、それがわからないことには、識字の最初の位置につくことはできなかった。はじまらなかった。わからないところで、右往左往しているだけであった。たとえば、八〇年代の初めごろ、アルコール依存症について明確な指標はしめされていなかった。神経症、あるいは、精神「障害」についても、まだまだ不勉強だった。それゆえ、精神やこころの傷に関しても、識字の身近なこととしては認識していなかった。それが、さまざまな人たちに出会い、話を聴くことによって、すこしずつわかるようになっていった。

これは、文字の読み書きを自分のものとすることと同じ比重で考えていかなければと思うようになった。どんな深い精神やこころの傷を負っていたとしても、今まで生きてきたのだから、それでいいのではないかということになるのかもしれないが、識字は、それを黙認していくことはできない。文字の読み書きのできないことによってうけた精神やこころの傷は、ごく自然に、識字の場で薄皮をはぐように、すこしずつ、すこしずつ癒されていかなければならない。それが成されなければ、つぎの一歩を踏みだしていくことはできないのではないか。また、それを放置あるいは留保したままの識字は、いつかほころびがきてしまうのではないか。だから、日本の識字は、悪い意味ではなく、この精神的な領域をいかにささえきっていくのかが主要なこととしてあるのではないか。

ブラジルの故パウロ・フレイレの邦訳された著作から、教育について、識字について、あるいは人間について多くのことを学び、それは、ぼく自身の識字をする基本的な姿勢となっている(それらの本とは『被抑圧者の教育学』『伝達か対話か』『自由のための文化行動』『希望の教育学』、あるいはモアシル・ガドッチ著『パウロ・フレイレを読む』などである)。

フレイレの実践活動と著作の土壌となった南米の識字と日本の識字とのちがいを確認しつつ、もうすこし日本の識字のことをあきらかにしておきたい。

大ざっぱに書いてしまうが、フレイレの提示した南米を中心とした識字においては、文字の読み書きのできない人たちが多数のなかで、なぜ文字の読み書きができないのか、その最大の原因はなんなのかということを考えていくと、当然のこととして抑圧者と被抑圧者の問題となっていく。政治や経済的な諸々の問題にたいしての覚醒が、識字の主要な課題となっていくことも理の当然である。この覚醒が、世界を読みとっていく作業の、「意識化」(人間化)としての識字になっていく。たしかに、日本の識字においても、読み書きを奪われた最大の原因はなんなのかと問われれば、フレイレの提示したことと同じことになっていくだろう。読み書きができる人たちが圧倒的多数のなかで、日本の識字は、その「意識化」の過程は重要であるが、なかなか政治・経済的な課題とはなっていかないのが現状である。「教科書無償配布」闘争は、日本の識字運動のなかで画期的な「意識化」の闘いであったことは事実だ。

おそれずに言ってしまえば、日本の場合、その「意識化」は外に向かってのものではなく、内に向かってのそれであるのではないだろうか。まず、自分の生きてきた被抑圧の現実をあきらかにすることが、避けたり逃げたりすることのできない大切な前提としてあり、それをあきらかにしていかなければ、識字学習者としての個の確立、個の自立、個から全体への自闘はないというのが、日本の識字の積みあげてきた貴重な歴史だと思う。外に向かう、内に向かうの軽重を言っているのではない。比較することではなく、どちらも同量・同質のものであると、ぼくは思っている。

被抑圧の現実は、日本の場合、文字の読み書きができないか、できるかという問題ではなくなってくる。先に書いた自分のうけた傷を、認識することもなく、無知・無自覚のまま生きていってしまうことは、自分ではない自分を生きていってしまうことになる。それを認識し、自覚することが、文字の読み書きのできる人にとっても、自分自身の「意識化」の識字の作業としてあるのではないか。ほかの意味もあるが、そんなことも考えながら、ぼくは、寿町の識字において、学生の人たちを中心にした文字の読み書きのできる人たちとの共同学習の識字の場をつくってきている。パウロ・フレイレが、識字を語りながら、教育を、そして、人間のありようを読み解いていくのは、このことではないかと思っている。

一九八九年、国際識字年を迎えるにあたって、パウロ・フレイレが来日した。関西の識字の現場をまわり、東京で開催された識字フォーラムでパネリストとして発言した。そのフォーラムに参加し、ぼくはパウロ・フレイレの発言を聴いていたが、日本の識字の現況を把握できていないコーディネーターと日本のパネリストによって、お粗末なフォーラムとなってしまった。パウロ・フレイレは、なにを発言したらいいのか、ずいぶん困ったと思う。当たりさわりのない教育論に終始し、日本の識字の内実については、まったく語られることがなかった。けっして、パウロ・フレイレの識字実践と関西の現場でみた生いたちから綴る日本の識字は、かけ離れたものでなかったにもかかわらず、パウロ・フレイレは未消化のままブラジルに帰っていったのではないか。

勝ちのこってきた大学生たちもまた傷ついて

話をもとにもどす。さきほども書いたように、寿町に住み、識字にでかけてくる人たちは、どの人も、人と人との関係のなかで深い傷を負っていることは、たしかなことだ。初めはそれがよくわからなかったが、すこしずつわかるようになってきた。それはそれとして、寿町の識字を訪れる、学生を中心とした若い人たちも、文字の読み書きはできるけれども、それを自覚しているかどうかはべつのこととして、やはりなんらかの精神やこころの傷を負ってきている。彼ら・彼女たちは、福祉関係の仕事や教師を志望している人たちだ。

たいへんな受験戦争を生きぬいてきた彼ら・彼女たちは、成績評価の世界では、優秀な人たちだったろう。しかし、多くの大学生の人たちがそうであろうと思うが、自分の家族（祖父母もふくめて）のことや、自分のまわりの人たちのことや、自分自身を視つめる作業はしてこなかったのだろうと思う。そんなことをしていたら、あっというまに、受験戦争からとりのこされていってしまうからだ。

かつて受験戦争を生きぬいてきた自分、そして、その過程の人と人との関係のなかで、得てきたものはなんなのか、失ってきたものはなんなのか。人を見捨てたことはなかったか。だれかを踏み台にしなかったか。少数のただしさを踏みにじって多数に与《くみ》したことはなかったか。人を蔑《さげす》みや憐《あわ》れみや同情の眼で見たことはなかったか。人の良心を傷つけたことはなかったか。自分を擬装して生きてこなかったか。人を予断や偏見の眼で見たことはなかったか。無知や無自覚は許されない。それは、これからの彼ら・彼女たちにとって、まずあきらかにしていってほしいことだ。それをしなければ、これから出会う福祉の現場や教室のなかの子どもたちや保護者たちに、予断も偏見もないところで、ごくあたりまえの人間として出会っていくことはできない。

学生の人たちが、これらすべてのことをしてきた悪い人たちだと言っているのではない。言ってしまえば、これらのことは、ぼくがしてきたことだ。無知・無自覚のなせる業《わざ》か、ぼくは、識字をするようになって、やっとそれらのことにすこし気づけるようになった。これも社会状況のなせる業か、若い学生の人たちをはじめとして、その深浅を問わぬとしてもそれぞれが多様な傷を負っている。その多様な傷が、その人の生きかたまでを決定してしまわないことを願うばかりだ。ぼく自身、識字に参加するまで、ゆがんだ生きかたをしてきてしまったため（今もかなりゆがんだままかもしれないが）、それを切に思う。自分ではない自分を生きることは、人間の良心にたいする犯罪に近いことなのかもしれないと思っている。

人間は、無知・無自覚がゆえに、ほんとうに多くの過ちをおかして生きている。無知・無自覚は、何度でも同じ過ちをくりかえす。無知・無自覚は、人を深く傷つけていく。自分の無知・無自覚を認識したとき、自分自身も深く傷ついていることに気づくことができる。

識字は、はやりことばになってしまったが、ある種の「癒し」の世界であるのかと思っている。文字の読み書きができないことによってうけた精神やこころの傷は、ぼくには想像できない。わかろうと精一杯の努力はするが、わかりえないことだ。でも、わかりえないからといって、おたがいの関係が切れてしまうわけではない。識字の場で文章を書いたり、語ったりするなかで、ほんのすこしでも、自分のうけてきた痛手が癒されていくならば、そのときの識字には意味があったのだと思う。先に、日本の識字は内に向かう識字だと書いたが、まず、そのうけてきた痛手を癒すことが識字の土台としてあり、その土台をつくりながら、あるいは完成させて、そこから外に向かっていくのではないかと思っている。

寿町の識字の歴史を簡単に書くつもりであったが、あちこち話がとんでしまった。いつまでつづけることができるのかわからないが、これからも、そのときどきの人の流れのなかで識字の位置を見失うことなく、はぐくみ育ついのちにつながっていきたい。

うるおいの一滴——李《い》明徳《みょんどく》さんのこと

一九九二年

縁戚をたより「韓国」からやってくる人たち

東京の山谷、大阪の釜ヶ崎とともに、日本の三大簡易宿泊所街のひとつ、横浜の寿町も、ここ五、六年のあいだに街全体の様相が大きく変わってきている。

寿町は、戦後、米軍の払い下げ跡地に街が形成され、そのころ建てられた木造やモルタル造りのドヤ（約九十三軒）が四十年ほどを経るなかで老朽化し、ここ数年、その建てかえ期となっている。新しいドヤはエレベーター付きで、各室に風呂こそないが、エアコンが設置され、ビジネスホテル並みの外観を呈し、一日のドヤ代も古いそれの二倍以上となっているところもある。街の住民の高齢化と不況のなかで、時代の流れとはいえドヤ代の高騰《こうとう》は、居住空間の確保とともに生活そのものをおびやかしている。

さらに、ここ数年間の街の様相の変化として、多数の外国人労働者の移入がある。街全体の仕事の求人の量はすくなくなってきているにもかかわらず、今も、外国人労働者は増えつづけている。寿町では、当初（八六、七年ごろ）はフィリピンを中心としてタイ、マレーシア、バングラデシュ、パキスタンなど東南・南アジアからの労働者が多かったが、現在は「韓国」からの朝鮮人労働者が圧倒的に多くなってきている。街の全人口が約六千人であるのにたいして、朝鮮人労働者の数は、千二百人から千三百人となっている。以前、六百人ほどはいたと思われる東南・南アジアからの労働者は二百人ほどと減ってきている。

寿町に九十三軒ほどあるドヤのオーナーは、ほとんどが在日朝鮮人である。オーナーは寿町に住んでいないが、ドヤを管理する帳場も多くが在日朝鮮人である。オーナーも帳場も在日二世世代に移行しつつある。そんなオーナーや帳場の縁戚をたよって、「韓国」からの朝鮮人労働者が急増しているということだ。縁戚をたよっての渡日は寿町や寿町周辺にかぎらず、全国の在日朝鮮人の多住地域においても同じような現象が起こっているのではないかと思う。労働・就労に関しては、もちろんそのほとんどが「資格外就労」（不法就労）であることは言うまでもない。

寿町で識字がはじまって十四年、そして、ぼく自身が識字に通うようになって十三年になる。この十三年間、さまざまな人たちと識字のなかで出会い、人の移りかわりも、当初は想像もしなかったものとなっている。十三年まえ、在日一世の朝鮮人のオモニやアボジたちとの識字は考えていたことだったが、新しく渡日する外国人労働者といっしょに識字をするなどということは、不勉強の誹《そし》りは免れないとしても、ぼくの頭の片隅にもなかった。さらには、外国人としての在日一世・二世の朝鮮人が寿町に多く住んでいることはわかっていたが、その人たち以外の外国人が寿町に住むなどということも毛頭考えていなかった。

しかし、ここ数年、三百メートル四方ほどの小さな街に、異国を思わせるさまざまなことばがとびかっている。わかることばもあれば、さっぱりわからぬことばもある。わかる・わからぬはべつにして、識字のことを考えるとき、ひとつのふるさとの大切なことばや文字をもって識字の場に顔をみせる彼らや彼女たちの固有の人間性と、その内奥のところで深く出会いたいと、このごろ思えるようになってきた。外国人労働者のすべての活動にかかわっているわけではないのでわからないことのほうが多いが、識字のなかで出会いつづけている「韓国」からの朝鮮人労働者のことを中心に、ぼく自身、気づいたことや思ったこと、考えたことをすこし報告してみたい。

生きるための日本語習得から一歩すすんで

縁戚をたよって渡日する朝鮮人労働者は、男性・女性を問わず、単身であったり、友人同士のグループであったり、家族ぐるみであったりする。家族ぐるみの場合、多くの問題があるが、その子どもたちは（学齢期・学齢まえの子どもが常時十人前後いる）、両親が仕事にでかけたあと、街の学童保育に顔をだしたり、公園でにぎやかに動きまわって遊んだりしている。朝鮮人労働者の年齢は、男性も女性も二十代から五十代とはばが広く、男性の場合はべつにして、女性の就労内容はくわしくはわからないが、ほぼ全員がなんらかの職についている。

今から六年ほどまえ、在日二世の朝鮮人青年と結婚するため、「韓国」から二十四歳の若い朝鮮人女性・徐二順《そいすん》さんが渡日し、識字の場に顔をみせた。青年のオモニは、以前から識字に出席していたこともあって、いっしょに連れだってきたわけである。きついことばであるが、オモニは「日本語が上手になるまでは、子どもは産ませない」と言っていた。そんなこともあってか、彼女は猛然と日本語の勉強をして、一年間ほどで日本語をマスターした。

彼女が初めて識字に出席したとき、ぼくが名前を聞いたら、彼女はほんとうにうれしそうに新しくつけてもらった名前だと言って、その「日本名」を教えてくれた。ぼくは、ずっと本名で呼んでいくことを告げたものの、彼女やまわりの人たちを責めるつもりなどまったくないが、日本の社会はなにも変わっていないのだと、現実に内心愕然《がくぜん》としてしまった。

今、寿町に住んで仕事をしている「韓国」からの朝鮮人労働者のほとんどが「日本名」をもっている。識字に初めて出席する人にはいつも名前を聞くのであるが、朝鮮人労働者はかならずと言っていいほど、どっちの名前ですかと問いかえしてくる。自分で名前を考えたり、友人につけてもらったり、さらには仕事現場の親方につけてもらったりしている。親方につけてもらった場合などは、仕事の保障であったり、より深い人間関係のつながりになったりもする。

徐二順さんについて、これは本人がいちばんしんどかったことだと思うが、ぼく自身、とりかえしのつかない苦い体験をした。彼女が妊娠をして胎児は順調に育ち、産み月に陣痛がきて病院に入院した。しかし、産むことができず死産をしてしまった。ぼくは、お産に立ち会ったことがないからわからないが、死産をしたと聞いたとき思ったのは、お産のときの医者や看護師さんたちの日本語の励ましのことばが、ひょっとしたら彼女にとっては、怒声に聞こえてしまったのではないかということであった。産み月になるまえ、オモニには、産室での看護師さんたちのことばについて大丈夫であるかどうか話はしていたが、直接本人に確認をしなかったことが、今も悔やまれてならない。

寿町の識字は、日本人・外国人を問わず、まったく自由にだれがはいってきてもいいことになっているため、今までさまざまな国の人たちが席についてきた。毎週出席する人もいれば、出張仕事で一、二か月おきに顔をみせる人もいる。また自国に帰っていった人もいる。これらの外国人労働者の多くは、切実に、仕事や日常生活に直結した日本語を学習したいのだろうと思う。外国人労働者が日本に来はじめた初期のころには、日本語ができる・できないは、仕事のうえでそんなに問題ではなかった（もちろん生命にかかわる危険なことはいっぱいあった）。しかし今は、仕事をスムーズにこなしていけるくらい日本語がわかり話せることが、就労の第一条件となっている。高い渡航費を払って日本に来ながら、日本語がわからないため仕事につくことができず、そのまま帰国していく人たちも増えている。外国人労働者をとりまく状況はいちように深刻である。とくに朝鮮人労働者にたいするそれは、労働現場において日本人の根づよい偏見・蔑視にさらされ、よりいっそうきびしいものがある。
そんな朝鮮人労働者の彼ら・彼女たちにとって、労働や日常生活に必要と思われる日本語の学習は、継続しておこなっている。そして、もう一方において、識字のなかでより大切なこととしてぼくが考えているのは、異国できつい労働やつめたい人間関係にとりかこまれている朝鮮人労働者とまわりの人たちが、たがいの存在を認めあい、胸をひらき、肌と肌がふれあうような人と人との関係をつくりだしていってほしいということである。そのまわりの人たちとは、老若を問わぬ日本人であったり、在日一世のオモニやアボジであったり、在日二世・三世の朝鮮人であったり、中国人であったり、ブラジルの日系二世・三世であったり、他の外国人労働者であったりする。出会うはずもなかった人たちが、識字を媒介にして、個々の民族の歴史や文化に新たに出会いなおしていくことが、識字の本質のこととしてあるのではないだろうか。

明徳さんは語り、つなぎ、学ぶ

寿町の識字にこの一年間ほど通いつづけている五十七歳の朝鮮人労働者・李《い》 明徳《みょんどく》さんの文章を書きうつしてみる。

私は　日本語をべんきょうするのは　にかいめです。ちさい時に　中国北京で日本の小学校へ入学して三年生までべんきょうしました。でもその時おぼえたものは、さっぱりわすれました。今日は　私にとっては　特別なうれしい日だと思います。家族をはなれ　出稼きて二年間いろいろ苦しいことがいっぱいありました。その中で一番困ったのは　言葉が通じできないのが　ひどくつらい事でした。よく解決できないむつかしい問題でした。今日二年ぶりに　こいしい長女　むすめを出逢し　むづかしい作文を初めて書いて　みなさんの前で読むのは　ほんとうにうれしいです。さらに韓国から来たばっかりのむすめを　ちちのそばにすわらせて　文化と風習のちがう所で　日本語でしゃべるのを見てもらってほんとうに志し深い　一生忘ない日になると思います。最と日本語をうまくやりたいけど　なかなかできないことです。どうやったら　うまくなるかかんがえます。ぼくの部屋の天井とかべには日本語の単語の書いためもがはってあります。ねむる時も　めしをたべる時も見えます。でも　あたまがぼんくらだから　すぐわすれます。みなさん教えてください。上手にできる方法があったら指導してください。私が望むのは　一生けんめいにべんきょうして　日本の本を　ほんやくものでない本をよみたいです。よろしく　おねがいします。

かつて中国に侵略していった日本の、日本人小学校で学んだという。明徳さんの日本語習得の姿勢には、すさまじいものがある。この日は、観光をかねて訪れた娘さんを識字の自分の席の隣に座らせてこの文章を書き、みんなのまえで読んだ。また、明徳さんの息子さんも語学留学生として日本に来ていて、ときどき識字にも顔をみせる。五十七歳で、若い人たちと同じように炎天下でスコップやツルハシを使っての工事作業、あるいは異常な高温である船のタンクのサビ落としの清掃作業など、体力的にもほんとうにたいへんなことだと思う。「いいかげんなことばかりして生きてきました」という明徳さんの、中国や朝鮮において学校教育をうけるべき時期は、すべて戦争とそれにつづく混乱によってぬりつぶされてしまっている。

今年の春、識字の仲間たちと遠足にでかけたとき、明徳さんが、折よく仲間に初めて加わった中国人男性（五十二歳）にたいして、三十分以上にわたって識字がいかに自分にとって大切なものであるかを、こころをこめて語りかけた。「台湾」から来て日本人と結婚している女性の通訳を介してだった。いっしょに参加していた三十名ほどの人たちは、この語りかけを感動して聴いていた。今、この中国人男性は寿町には住んでいないが、二時間ほどかけて電車をのりつぎ、毎週、識字に出席している。

これは、識字にきているぼくたちまわりの日本人のちからなどではなく、一人の朝鮮人のまっすぐに生きるすがたが、なかなか外にでることのできなかった一人の中国人のこころを大きく揺さぶったのだろうと思う。さらには、この中国人男性が毎週、識字の席につくことによって、ぼくたちは、また新たな歴史や文化を学びはじめている。一人の人間のちからなどたかが知れている。しかし、一人の人間のちからが民族を超えて、一人の人間の生き道《いみち》を揺さぶること、やはり識字ならではのことと思っている。

なぜか生きるのがさびしいです

明徳さんの文章に、翻訳ものではない日本の本が読んでみたいと書かれていたので、『きみたちと朝鮮』（尹 健次著、岩波ジュニア新書。現在は改稿されて『もっと知ろう朝鮮』となっている）という本を渡したところ、「むずかしいです。むずかしいです」と言いながら彼は読みおえた。それはよかったと思っていたら、彼はこんどは、識字にくる日本人の学生や若い人たちにその本を読むようにと言って渡しはじめた。ぼくはもう、この本を十冊ほど彼に届けている。

またあるとき、寿町で「日本名」で仕事をしている在日朝鮮人二世の男性（四十六歳）にも、なにか話しこみながらこの本を渡しているのを見た。この在日二世の男性は、ぼくがいつも「本名」で呼ぶのにたいして、おれはずっと「日本名」でやってきたから「本名」で呼ぶのはやめてくれと、ことあるごとに言っていた。しかし、この本を三回もくり返し読んだという彼は、このごろ、「本名」で呼ぶのはやめてくれとひと言も言わなくなった。このことなども、ぼくたちのちからおよばないすばらしい出会いだと思っている。

連日のきつい労働と五十七歳という年齢も重なって、明徳さんが腰を痛めてしまった。それを聞いた識字にきている若い日本人男女二人が「資格外就労者」という障壁をこえて、病院に同行した。

（前略）他国からは　病気が一番こわいです。世知辛い世の中で　自分の時間を失ってからもぢぢ臭い（つまらない）男のために　親戚並みに取り扱うように親切に面倒みてくれて　ありがとうございます。

喫茶店で　なんとなく　いきなり涙がでてきました。なぜか生きるのがさびしいです。なんとか　くわしく書いてはっきり話したいけど　良く表現できないのがくるしいことです。とにかく　ありがとうございます。

今後、外国人労働者にたいしてどのような法的・政治的措置がとられていくのかわからないが、たとえそれが一時的なものであったとしても、たがいに人と人との関係のこころのひだに、ありうべき人間のうるおいの一滴をしみこませていきたい。全国各地の識字の場こそが、多くの困難さのなかで、それができうるのではないかと思っている。

明徳さんのその後、そして生いたち——二〇〇二年

ここからは、前掲の稿で十分に記すことのできなかったことを、明徳さんのその後のこともふくめて書いてみる。

明徳さんは約六年ほど日本で仕事をして、「韓国」済州道《ちぇじゅど》に帰っていった。二年ほどの出国措置期間を経てふたたび日本にきたのであるが、仕事中、重い資材が倒れるのを防ごうとしてその下敷きになり、右肩を脱臼してしまった。病院にはこばれ脱臼を治そうとしたがうまくはまらず、激痛のなか大きい病院に移動して、全身麻酔をかけてやっと治すことができた。それ以後、一年間ほど病院に通ってリハビリをつづけたが、完治することなく、利き腕の右手は、前後・左右とも、水平の位置までしか上がらなくなってしまった。結局、仕事ができなくなり、労災保険からおりたいくらかのお金をもって、「韓国」に帰らざるをえなかった。事故のとき、頭部も強打していて（CTスキャンでは異常がなかったが）、頭痛にも悩まされつづけた。

南米からの日系労働者のように、国民健康保険などあるていどの社会保障がされている人たちはまだいいが、オーバーステイ、資格外就労の人たちにとって病気、事故、仕事中の怪我は、軽度ならまだしも、重度となると、もうとり返しがつかない。明徳さんは、どうにか労災保険で治療やリハビリをうけることができたが、それのできない人が大多数である。しかし、明徳さんは、仕事ができなくなってしまった。

アラブのクウェートへ十年、その後、日本へ約十年の出稼ぎ生活だった。識字のなかで、生いたちからはじまる苦難・苦闘の生の歴史を書きつづけてくれた。真夏の猛暑の炎天下での一日の仕事のあと、シャワーを浴び、真っ赤に日焼けした顔で、毎週、識字の席につき、もうなにも書かなくていいよ、ゆっくりひと休みしてくださいい、と言いたくなるほどの疲れたようすで席に座り、じっと目をつむってこころをしずめ、考えたあと、書きはじめていった。

明徳さんは、朝鮮民主主義人民共和国の新義州《しにじゅ》（鴨緑江のほとり、江を渡れば中国・旧満州）で生まれ、そこで五歳ころまで育った。弟二人がいた。ほんの短い期間であったが、村の書堂《そだん》（日本でいう寺子屋のようなところ）に通って「千字文《せんじもん》」を習った。

父親は、日本の植民地支配下の朝鮮で、抗日の活動家だった。当時、多くの抗日の活動家は、植民地支配下朝鮮からのがれて中国を活動の拠点としていた。明徳さんの父親も家族とともに中国にのがれ、活動をつづけていたということであった。そして、その中国の日本人小学校に明徳さんは通った。侵略していった日本の日本人小学校の日本人教師によって、明徳さんは、朝鮮人ということでさんざんな手ひどい仕打ちをうけたということも話してくれたことがあった。

日本の敗戦とともに、明徳さんの日本人小学校生活も終わり、朝鮮へ引き揚げることになった。西安《しーあん》を出発し、太原《たいゆわん》から大同《たーとん》を経由して天津《てんちん》の港へ向かった。日本人も引き揚げていく混乱のなかで、さまざまな悲劇が起こった。明徳さん、七歳のときだった。家族と近隣の人たちとともに、破壊された鉄道を乗り継ぎ、太原の直前でその悲劇が起こった。

明奎《みょんぎゅ》や　明奎や　さよなら　さよなら

家族や近隣の人たちといっしょに徒歩で港をめざして移動していた。ゆるやかな上り坂にさしかかったところ、そこにちょうどトロッコがあった。二台のトロッコに女性や子どもや荷物を載せて、男性たちがトロッコを押してゆるやかな坂道を上っていった。おそらく、女性たちにとっても、子どもたちにとっても、押している男性たちを励ましたりからかったりしながらの、ピクニックのような楽しくにぎやかなひとときだったにちがいない。

坂道を上りきり、やっと平坦なところに着いたと思い、押していた男性たちはトロッコから手をはなし、ひと息ついた。しかし、トロッコは、ゆっくり、ゆっくり、前に動きはじめていた。気づいた男性たちがトロッコの動きを止めようとしたときは、もう遅かった。加速されたトロッコは、女性や子どもや荷物を載せたまま、一気に目のまえの、破壊されて橋げたの落ちた鉄橋に向かって、猛スピードで坂道をくだっていった。明徳さんも、そのトロッコにのっていた。

明徳さんは、「きょうは、中国からの引き揚げのとき亡くなった弟のことを書きます」と言って、つぎの文章を書いて、みんなのまえで、涙をながしながら読んだ。

トロッコが崩壊された橋に突っ込んだあと　もう一つのトロッコがふつかって　犠牲者が多かったと

思います　私はどうやで川のほとりにいたか全然わかりません　私は左りの親ゆびにかすり傷しかなかったです　本当に運がよかったと思います　とこから来たか知らないけと日本の兵隊さんと衛生兵が来て　負傷した人達を手当てしてくれました
全身がびっそりぬれてすごく寒かった。げかした人たちを川から救出して　兵隊さんが焚火をもやして体をあたたかくしてくれました　その場て死た人は大きなあなを掘っていっかいそうに埋ました
幸わい弟は息が残っているので　たんかにのせて川を渡って待っている列車にのる事ができました
弟は傷一つないけと頭と顔がむらさきのあざがありました　弟は脳をひとく打たれて　それが致命的てした　弟は　太原の駅についてまもなく息をひきとってしまいました　その時の年は六、七才と思います　母は額の骨が見える程の傷と足がおれる重傷てした
何十年過きたいまても　その時の事が生々しく記憶に残こっています　絶体絶命の瞬間。そうげ立つ阿鼻地獄の光景。本当に辛らい切ない事でした
弟の魂は中国のとこかてさまようたろと思ます
弟　お前のなまえを　識字の教室に　皆さんの前で　一回よんて見るよ
明奎や　明奎や　さよなら　さよなら

弟、明奎《みょんぎゅ》が亡くなってしまった。

明徳さんは、寒かったから十一月ごろだったと言っていた。余分なことになるが、戦後のこの

時期に、日本人の「兵隊」が、明徳さんたちをよくたすけたと思う。

あわただしく弟を埋葬し、天津の港に着いた。港は、朝鮮に引き揚げる人たちで混乱していた。明徳さんは父親と乗船したものの、母親ともう一人の弟とは、はぐれてしまった。それ以後、母親ともう一人の弟は、行方も生死も不明となり、逢うことができていない。

十二歳のちびっこ兵隊として朝鮮戦争へ

父親と二人で朝鮮の蔚山《うるさん》の港に着いたが、こんどは、明徳さんは父親とはぐれてしまった。おそらく父親は天津の港にもどり、乗船のときにはぐれてしまった二人を、四方八方手をつくして探したのだろう。明徳さんにとって、かなり長い期間の孤児収容所生活がはじまり、父親が迎えにくるのを待った。

やっと父親が訪ねてきて、二人で生活できるようになった。明徳さんは十歳になっていた。植民地支配下の混乱からたちなおり、開校された小学校に、年齢に応じて五年生に明徳さんは編入された。朝鮮語を話すことはできるが、ハングルの読み書きは、まったくできなかったと言っていた。たしかに、明徳さんは朝鮮の小学校にはまったく通っていないのだから、当然のことだ。

明徳さんは今、六十四歳であるが、朝鮮人でこの年齢の前後の人たちは男性も女性も、朝鮮の学校教育をうけることができていない。それは、三十六年間にわたる日本の植民地、日本のアジア侵略戦争、さらに朝鮮戦争が、明徳さんをはじめとする当時の子どもたちの学校教育を奪ったからだ。

日本の戦後も食糧不足のきびしい生活だったように、朝鮮においては荒廃のなか、さらにきびしい生活だったと思う。明徳さんも学校に通いはじめたものの勉強はわからず、父親とのその日暮らしの生活のなかで、学校を休み、子どもなりに糧をもとめて靴磨きなどをしたという。

そんな生活も長くはつづかなかった。明徳さん、十二歳のとき、朝鮮戦争がはじまった。当時、仁川《いんちょん》に住んでいた（のちに、連合軍の仁川上陸作戦のおこなわれたところだ）。父親に徴兵の通知がきた。身内もなく、子どもである明徳さん一人をのこして兵役につくこともできず、結局、明徳さんも軍隊にはいっていくことになった。明徳さんは、後方の通信隊の手伝いとして「配属」された。「ちびっこ兵隊」と言われ、かわいがられたという。あの朝鮮戦争には、明徳さんのような「ちびっこ兵隊」がたくさんいたのではないかと思う。

明徳さんは、識字のなかで約一年間ほどにわたって、自分が見たり聞いたり考えたりしたすさまじい朝鮮戦争のことを書きつづけてくれた。おそらく、朝鮮戦争の体験記録としては、最年少のものではないかと思う。ぼくは、朝鮮戦争の記録はいくらか読んで知ってはいたが、十二、三歳の子どもの明徳さんの体験した朝鮮戦争は、視点をかえて生なましく具体的で、あらためてその歴史を学ぶことができた。当時、識字に出席していた学生をはじめとする若い人たちも、多くのことを学ぶことができたのではないか。

一日のきつい仕事を終えて識字に出席し、えぐるような事実を書きつづりつづけてくれた明徳さんに、感謝とともに頭がさがった。

戦争のさなか、父親が負傷したという知らせが、明徳さんにとどいた。明徳さんは、父親はもう亡くなってしまったと思い、負傷したという連絡のあった場所に駆けつけ、累々と倒れている人たちの顔を一人ひとり確認し、父親を探した。

お父さは半分死ていました　機関砲の玉が左り肘の上に関通していました　さらに脇腹にも砲弾の破片に撃たれて赤い血が軍服にすみ込てぬれていました　手が担架の下にだらりと垂れていました　手はもう使うのができないたろと思いました　胸を触わって見ました　心臓の鼓動は打っていました　幸い致命傷を与えなかったので命は助かるたと思いました　やっと野戦病院に行きトラックに乗りました　トラックが酷くゆれて　お父さの目が覚めました　全身がすごく痛みを感じて苦しげに呻きました　私は　そばてなにもてきず　たた涙たけ流せるのみてした

すく病院につくから（到着）辛抱しなさいと言いました　でこぼこの道を通る時にはもっと痛くてお父さは　渋い顔て私の手を強く握りました

トラックの中の凄絶な光景は　四十年経った今ても生生しい記憶に残っています

明徳さんは、負傷した左腕を切断しないように医者に必死にたのみ、病院での付き添い生活がはじまった。付き添いなど認められていない陸軍病院で、朝夕の点呼のときだけは外にでていることを条件に寝泊まりを許された。長い時間のかかる病院全体の点呼、冬の朝夕の戸外で、たまらない寒さに震えあがったと書いていた。病院の大部屋には、戦争で負傷した、たくさんの人たちがいた。

明徳さんは、両手を失くした人の食事の介助もしつづけた。また、両足を切断した学徒動員のソウル大学校の学生の話も聴いていく。「自分の父親は、日本の徴用によって福岡県の炭坑に連れていかれ、その炭坑の落盤事故によって両足を失くしてしまった。長男である自分もまた、両足を失くしてしまった」と泣きながら話すのを、明徳さんは、なにも言えず、ただいっしょに涙をながすことしかできなかったとも書いた。まだ少年の明徳さんは、そんな悲惨な話を聴きながら、ただ聴くことだけしかできなかったかもしれないが、その人たちを励ましつづけたのだろうと思う。

今も明徳さんは、だれかれなく顔をあわせたときはかならず「元気ですか」と言う。おそらくこれも、その病院にいたときに身につけ、病室の人たちにいつもそのように声かけをしていたのだろうと思う。

朝鮮戦争の一時休戦協定が結ばれ、父親の負傷も治癒し退院したが、八年後、父親は亡くなり、明徳さんは独りぼっちになってしまった。それ以後の話も、おもしろおかしくたくさん話してくれたが、結婚し、娘さん二人と息子さん一人の三人の父親となった。その三人の子どもたちの大学への学費を捻出するためのアラブ、そして日本への出稼ぎ労働だった。

〝人間から学ぶ〟とはなにか、教えてくれた

最初、日本にきて、帰っていくとき、明徳さんはつぎの文章を残していってくれた。

今日は　私の識字が最後になるたろと思います　識字に出合って四年三個月になります　私が一番長く通ってべんきょした学校です　雨がふっても　寒い時も　暑い時も拘らずひたずら教室に向けでもくもくとかいたんをのぼって来だ　僕の手の垢が付けた机といす　いつも黒板の字けしたけしこむ窓のひよけのひももドアの取手も一つ一つなじんだ教室　また触る事もゆかを踏むこともこれて最後いつもあたたかく親たしくむかう先生と皆さんの笑顔　すべての事をあとにして　さよならは悲《さび》しくつらいんです

国にかえっても　金曜日は皆さんの顔がうかんて　こいしくなつかしくなるたろと思います　識字は死ぬまて絶対忘れない　遠くはなれていても　識字の日は　私の魂がきっと来て　皆さんのそばにこっそりすわって囁くたろと思います　識字のお陰けて日本語も上手。多くの友達とつきあい。こまった時　助けるさぽたがいる《（サポーター）》　そな人達にかこまれていて　私はうれし　私は幸せにあふれている。皆さん　長い間お世話になりました　皆さんといっそに過こした美しい思い出を大切に心にいれてい

きます　いまの心境は　自分の国からはなれ　他国にいくふくざず気持です
これからも縁を切れないて死ぬまで続けたいです
皆さん　あそび来て　そっちゆ顔を見せて下さい
皆さん　さよなら　そよなら　皆さんあうまで　体を大切に・・・・　とうもありかとうございます

明徳さんは、多くのことをぼくたちにのこしていってくれた。史実にもとづく朝鮮の歴史も細部にわたって教えてもらった。福岡と高知で開かれた全国識字経験交流集会にもいっしょに参加できた。その折の、最後の全体会での大爆笑のスピーチはみごとだった。いろいろな研究会や大学で、自分の生きてきたことを誠実に話してくれた。ぼくは、彼自身が〈識字〉だと思いつづけていた。人間から学ぶとは、このことなのだとわかった。地をはうような生活の連続であったにもかかわらず、それでもなお人としての精神にゆがみはなかった。

畠山義郎のつぎの詩「ふるさとの山」を素材とした年明けの識字のとき、明徳さんは書いた。

ふるさとの山　　　　畠山義郎

さやかなる
あさやけ

しずかに
やますそながし
ふるさとの
山に
こころふりつき
ながく
みじかき
いのち
あらたなる
年
われらの
まん前に
ふるさとの
山。

詩　ふるさとの山を読んで

私のふるさとの山は　いまとんな形をしているか懐かしくなる　ふるさとの山　あいたいふるさとの山　ふるさとの山とわかれて五十何年が過きている

私のふるさとの山は　想像してみる心の山です　昔みたふるさとの山は　一つの絵になって　いずれも同じ姿でうかびあかっています　その絵を夢の中からたとりついてみます　強大國のせいて（他意で）國は分断され　自由にふるさとの山をみることが不可能　鮭は　自分が生れたふるさとに必ずもとるんたけと・・・・

私が死ぬ前にいつかふるさとの山をみることが出来るか遥遠《ようえん》な話。最近たいへんうれしいＮＥＷＳありました　南韓国からかんこう客を大勢のせで北朝鮮の有名な山　金剛山《くむがんさん》をかんこうする船が出発のえいぞうをみました　これは分断されて初めてのことです　南北がうまく交渉して　私のふるさとの山を見るのができる様に神様にいのります

今、すこしずつ南北の離散家族の交流がはじまっているが、明徳さんは、南北の統一が成ったときには、まず生まれ故郷の朝鮮民主主義人民共和国の新義州の役所に行って、中国の天津で生き別れとなった行方不明の母親と弟の消息を調べること、そして、一人息子の名前の行列字《へにょるちゃ》（注）を確認して息子の名前を改名することが、最後の仕事だと言っていた。

負傷したあと、二年まえに韓国にもどり、済州道の住まいをひき払い、今、中国にいる。仕事

をしながら、生き別れの二人の肉親を探しているのだという。

一日も早く二人の消息がつかめることを願いつつ、ときどき、中国から電話で元気な声がとどくことは、ありがたい。

［注］行列字――族譜《ちょくぼ》（日本でいう家系図）をもとに、本貫（日本でいう本籍にあたる）を同一とする一族の同世代に生まれたすべての男の子に、その本貫の長から、あるきまった漢字一字を使って命名するようにと、指令というか連絡がある、その一字の漢字のことをいう。しかし、明徳さんは、朝鮮民主主義人民共和国に帰ることができていないから、自分の息子の世代にどのような漢字一字を使うように言われているのか、それを確認することができないままでいる。親の責任として、これだけはしておきたいということであった。

4章　生きなおす、ことば

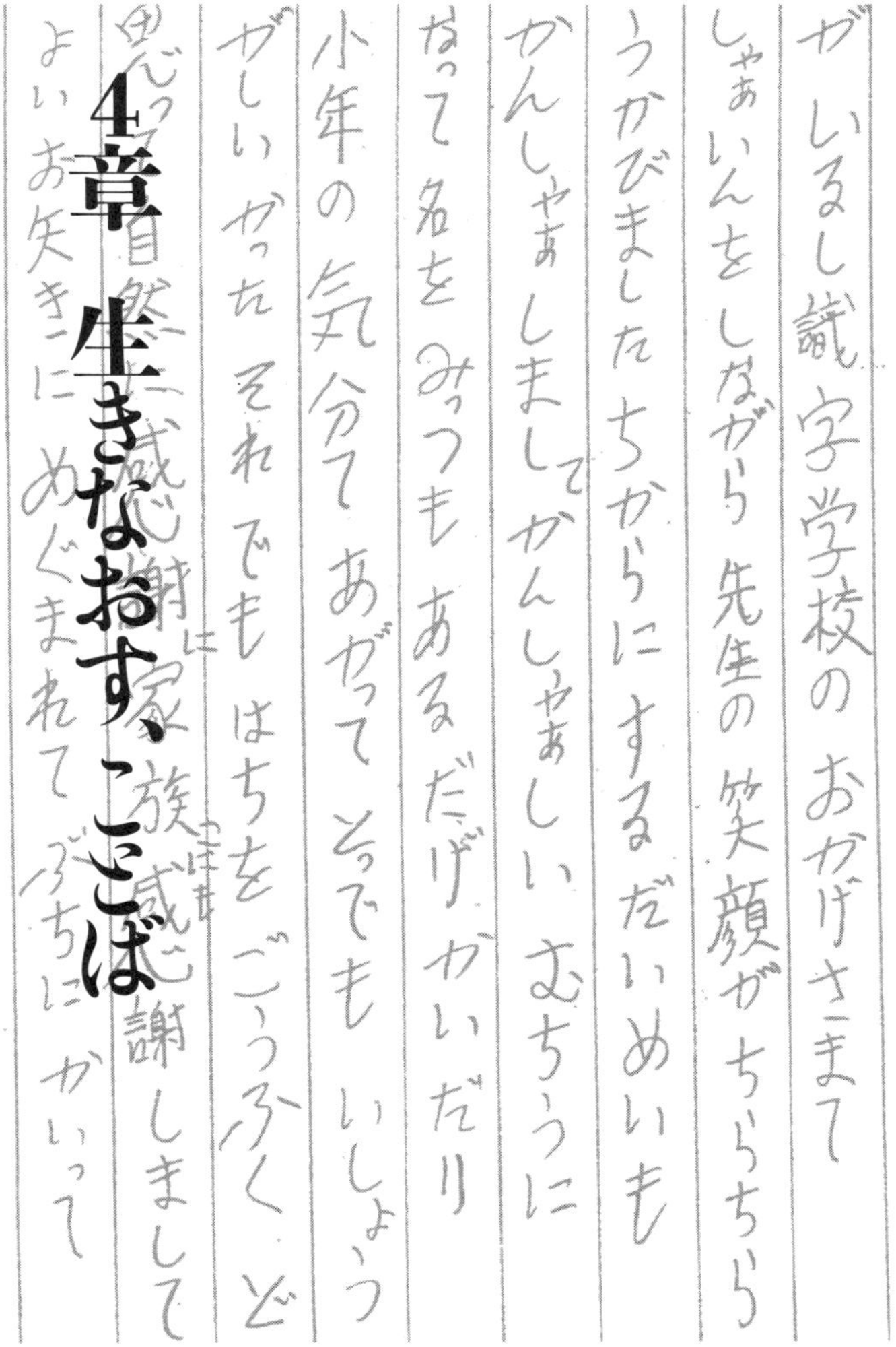

ガいるし識字学校の おかげさまて
しゃあいんをしながら 先生の 笑顔がちらちらちら
うかびました ちからにする だいめいも
かんしゃあしましてかんしゃあしい むちゅうに
なって 名を みっつも ある だげがいだり
小年の 気分て あがって そってもいしょう
がしいかった それでも はちを ごうふく ど
自じっ自然に感謝は家族かほ感謝しまして
よいお矢きにめぐまれて ぶちに がいって

ことばの原風景

二〇〇三年

文字を媒介せずに伝えあう世界

ぼくは、寿町で識字をするようになって、文字の読み書きができないということはどういうことなのかを考えつづけてきた。文字を識《し》っている人間が、文字を学ぶことができなかった人たちと文字獲得の学習をするとき、文字の読み書きのできなかった人たちの生きてきた世界を想像することは、当然のことだろうと思う。文字の読み書きのできなかったとき、なにを考え、なにを見、なにに感動し、毎日の生活をどう生きてきたのか、そのことがあきらかにされることこそが、識字の本質のことではないかと思っている。

つらい、悔しい、哀しい、許せない、などがあることは、事実としてまちがいのないことだ。形容矛盾になってしまうが、文字に表すことのできない経験や体験がたくさんあり、むしろ文字で表現できることのほうが、はるかにすくないのではないか。これは、文字の読み書きのできる・できないにかかわらず言えることかもしれないが、文字の読み書きのできなかった人たちの世界にかぎって言えば、なかなか文字にして表すことのできない経験や体験のなかにこそ、真実があるのだろう。

文字の読み書きのできる人たちのことばは、そのほとんどが学校教育のなかで養ってきたというか、培ってきたというか、身につけてきたものだ。その学校教育のことばによって、学校教育を十分にうけることのできなかった人たちのことばを均《なら》してしまってはならない。学校教育を十分にうけた識字共同学習者（教師・講師など）のことばに平準化してはならないということだ。ぼくがそれを果たせているかどうかというと、やはりこころもとない。文字の読み書きのできなかった人たちのことばを、どこかで均し、平準化してしまっているのではないのかと不安になることがある。この問題は、識字学習にとっていちばん大切なことだ。

自分自身のこともふくめ、ことば、文字について思っていることをたどってみたい。

世界には、文字をもたない民族がたくさんある。文字をもたない民族についての映画やテレビの映像を観ていると、なぜかその民族の人間性はゆたかであるような気がして、こころ魅かれてしまう。なぜ、ゆたかなのか、文字の読み書きのできなかった人たちのことも念頭におきながら、想像をして書いてみる。日本にも、文字をもたない少数民族にアイヌ民族がいる。

文字をもたない民族あるいは社会においては、どんな用件であれ、自分の意志であれ、それを伝えるためには、つねに、目のまえにそれを伝えたい相手がいるということだ。一対一か一対二か一対多数かいろいろなかたちがあると思うが、その相手は目のまえにいるということだ。これは、重要なことだと思う。用件や意志を、文字を媒介としないで、相手の表情や仕草やことばを見たり聴いたり感じたりしながら、相手に伝えていくということである。

とにかく、おたがいに出会っている。出会っているということは、用件や意志を伝えただけで、はい、さようなら、ということにはならない。おたがいの近況を話したり、身内や縁者についての大切なことを報告したり確認したりするのだろう。そして、伝えられた用件や意志を忘れないために、伝えられたときのまわりの天候や風景や情景もごく自然に体感し、脳裏にやきつけて、すべてのことを記憶していくのではないか。

出会って話をするということは、用件や意志だけでなくそこで話されたすべてのことが、つぎに会うのがいつになるかわからないような人の場合にはとくに、強く印象されていくのだろう。さらに、それらの場面や人のことを忘れないために、何度も何度も反芻《はんすう》し、記憶を蘇《よみがえ》らせていくのだろう。さらにもっと言えば、それらのことは、人と人との関係をつなぐあたたかい絆《きずな》ともなり、天候や食べもの、動物、植物など自然との共生のなかで、自分たちの生命、生死にかかわることも伝えられていたのだろうと思う。

文字をもたない民族あるいは社会の人たちが、そのような生活を毎日くりかえしているとするならば、人と人との関係は、おのずと文字社会のなかで生きている人たちとはちがってくるはずだ。記憶のための文字やメモなどは、そんなにその相手の人のことを想いうかばせたり、その場のようすを想いえがかせたりはしない。しかし、文字を媒介としない全身の記憶は、それらのことを、いつも想いうかばせ、反芻させているのだと思う。

そうすると、いざ出会ったときのおたがいの表情や感情や情緒は、おのずとちがってくるはずだ。どちらが、人間としてゆたかであるのかは自明のことと思われる。

識字のなかで、かつて文字の読み書きのできなかった人たちが、三十年も四十年もまえのことを、じつに鮮明にこと細かく表現するのには、いつも感心させられる。抜群の記憶力であることは言うまでもないが、反芻した記憶をからだ全体で蘇らせることができるのだろう。

文字をもたない人、もとうとする人と、文字をもつ自分と

二〇〇二年の暮れ、北海道の旭川でひらかれている「アイヌ語教室」に参加することができた。日本の各地の識字のなかでも、たいへん重要な識字だと思っている。一九八三年に萱野茂さんが子どもたちのためのアイヌ語教育をはじめたのが契機となり、一九八七年、故・貝澤正さんたちの尽力により、道庁の補助がきまり、二風谷《にぶたに》、旭川、釧路、浦河町と開講されていった。教室は、現在は道内十四か所（開講は十二か所）にひろがっている。

ぼくが参加したときは、北海道から関東地域に仕事にでかけたアイヌの人の手紙（アイヌ語をカタカナ表記したもの）を読み解く学習だった。アイヌ民族の青年、太田 マルク オッカイ 満さ

んがリーダーとなり、カタカナにローマ字表記も併記しながら進められていた。写真を送ってもらったことにたいするお礼の手紙だった。小学生・中学生もふくめ十人ほどが参加していた。

そのなかに七十六歳になるという一人のフチ（アイヌ語でおばあさんの意）がいた。アイヌ語を昔はすこし使っていたけどもう忘れたと言いながら、マルクさんの手紙の読み解きにいろいろ意見を言っていた。マルクさんとこのフチとのやりとりが学びの質をゆたかにしているように思った。たしかに、みんなはメモなどをとって筆記はしているのだが、話しことばが中心で和気あいあいとしたたいい雰囲気の二時間だった。

教室の終わったあと、食事をということで、みんなが残ってくれた。たまたまぼくの隣にさきほどのフチが座った。まったくの初対面であったにもかかわらず、聞いたわけでもないのに、子どものころのこと、自分の家のこと、今は家をでていっている息子さんたちのことなどを、食事をしながらたくさん話してくれた。アイヌは、初対面の人と出会ったときに〝イ　ラン　カラプティー〟とあいさつするそうだが、その意味は〝あなたのこころに　そっとふれさせていただきます〟ということだ。ぼくのほうが、フチのこころにそっとふれさせてもらったような気分になっていた。

傲慢な言いかたになってしまうが、ぼくは、文字をもたない世界、そして読み書きのできなかった世界に近づきたいと思っている。識字をしている人間がそんなことを言うのは自己矛盾ではないか、という声が聞こえてくる。しかし、けっしてそうではない。文字の読み書きができ、その中途から識字学習にかかわるようになっていったぼくにとって、文字をもたない、あるいは文字の読み書きのできなかった世界に近づくことが、ぼく自身の識字学習ではないかと思っている。

旭川のアイヌ語教室の雰囲気とともに、鮭が産卵のために遡《さかのぼ》り、森の生きものたちが川を渡り、アイヌ遺跡の点在する沙流川《さる》を堰《せ》きとめた二風谷ダムを見ながら、「このダムは、国のアイヌ民族にたいする挑戦です」と話す貝澤耕一さんの説明を聞き、貝澤さんの自然森林回復の山に案内してもらったとき、そうだ、これがぼくが子どものころの、ごく日常的な人との関係であり、嗅《か》いでいた匂いなのだと思った。

全身で世界を感受していたころ

ここ数年、詩や短歌や俳句など適当な識字の素材が見つからないとき、自作の稚拙《ちせつ》な詩らしきものを書いてもっていくことがある。「ことばが生まれる」もそのひとつだ。

母親のからだで
あたためられた
あたらしい　いのちが
生まれるように

人間のことばが
生まれる
あたらしい　いのちの
からだ全体が
ことばであるように
人間のからだ全体が
ことばになる
あたらしい　いのち
あたらしい　ことばが
生まれる

識字に出席する文字の読み書きのできる人たち、たとえば大学生の人たちなどが、「自分には書くことばがない」とよく言う。ぼくも、そうだった。かつて読み書きのできなかった人たちの書く文章のことばにつりあう、というか、呼応できる自分のことばをもちあわせていなかった。それは、今もつづいている。でも、彼ら・彼女たちの話しことばや書きことばに、なぜか深くなつかしい親近感を覚えていた。ぼくもふくめて「自分のことばがない」のは、学校教育のことばが身にしみこんでしまっているからだ、ということにはうすうす気づいていた。どう考えても、自分のことばを削りとられたのは学校教育以外にはなかった。それでは、自分のことばはどこで生まれ、どこでそれを失ったのかと、識字をするなかで考えつづけていた。

以前、藤田敬一編『被差別の陰の貌』（阿吽社）に書いた「ことばの原風景試論」の一部を、すこし長いが引用する。

識字学習のなかでのことばについていくことはできるけれども、何とも不確かな自分のあしもとのことばをさがすのに長い時間がかかった。識字学習を始めて七、八年目頃に、やっと、どこで、ぼくが自分のことばを失いはじめたのかを考えることができるようになっていった。前にも書いたが、ぼくが自分のことばを失ったのは、ぼくのうけた学校教育のどの時点からであったのか、それを今、はっきりさせないことには、永遠にぼくは、自分のことばをとりもどすこともなく、ずるずると生きていってしまうのではないかという恐れがあった。今、ふりかえってみると、これは、ぼく自身の大切な識字学習の作業であった。

そこで、やっとたどりついたのが、九歳（小学校三年生の一一月）までいた岐阜県の山奥の分校のある戸数三〇戸ほどの小さな村にいたころのことであった。そんなにたくさんのことを記憶しているわけではないが、この九年間ほどが、ぼくにとって、自分のことばで、自分のからだで生きていた世界そのものではなかったのかと思えるようになった。その村にいたころ、ぼくという人間の精神形成をしてくれたさまざまなできごとがあったが、ここではそれを省くとして、良いも悪いもふくんだところの人間もまわりの世界もゆたかであったように思う。自給自足の小さな村に、特別に何かがおこるわけではなく、ささやかな人間の営みの日常がながれていた。ぼくにとっては、その小さな村の人やものすべてが、ぼくの世界であった。年に三、四回、山を二つ三つ越えて、母親の実家に使いや祭りに呼ばれて出かけていくのが新しい世界であったが、その新しい世界も、小さな村の延長としてつながっているだけであった。新しい世界によって、ぼくの新しい世界がひろがっていくわけではなかった。変わらぬ子どもの世界を生きていた。そんな日常をすごしながら、やはりぼくは、自分のことばで、自分のからだで生き考えていたような気がする。

　杉や松や桧や栗や柿や桑の木の香り。畑の土や人糞や鶏糞、そして、きゅうりやトマトやとうもろこしやさつまいもや麦の匂い。春先には、手足がまっ赤になる川水のつめたさ、手づかみの川魚や川底の石のぬめり、山から吹きおろしてくる粉雪まじりの木枯らし、舞いあがる粉雪は生きもののように見えた。ふりつもる雪の音を耳にして、粗朶《そだ》や切株のもえる囲炉裏《いろり》の火を見つめながら大人の話をきいていた。山いちごや桑の実やいたどりやざくろ、ぐみや栗や柿やあけびを山にはいり木にのぼって食べた味。わらぞうりの足裏の感触と小石がくいこんだときの痛み。へびやとかげのうろこの光。撃たれた熊や猪の雪の上の赤い血。板に張られ干されている毛皮のそぎのこされた肉。川をせきとめてつくる夏の水浴び場。電気のかよわない村の暗い夜道をわら束を竹の先にしばりつけ追いかけた蛍の灯。広口瓶につめこまれた生きた蝮の縞模様。冬の朝、上《かみ》から下《しも》から白い息をはき登校してきた子どもたちは、分校の向かいの山に入り杉や桧の枯枝をあつめ、小さな運動場のまん中で焚火をしていた。

つぎからつぎと断片的な情景がおもいうかんでくるが、決して、幼・少年期やふるさとをなつかしんでいるわけではない。これらの断片的な情景のなかで、ぼくは、子どもなりに精一杯、自分の全身のちからをつかって生き考えていた。もちろん、子どものぼくには、ことばにならないことばかりであった。ことばにならないから、全身のちからをつかって、からだで記憶しようとしていたのだろうと思う。今もこの断片的な情景の手ざわりや肌ざわりや臭いや香りをことばにすることはできない。でも、からだは忘れていない。ことばで表現することはできないが、全身のちからでごく自然にうけとめていたさまざまな情景が、知らぬ間に、他でもないぼくのからだのなかのリズムとなりハーモニーとなっていたのだ。このぼくのからだのなかのリズムやハーモニーが、初めに書いたかつて文字の読み書きのできなかった人たちの語る、あるいは書くことばと呼応し、ある種のぬくもりやなつかしさとなって体感できたのだろうと思う。長い時間がかかった。かつて文字の読み書きのできなかった人たちが、子どものころから大人になっても、なお全身のちからをつかって物事を見たり考えたりしてきたことと、ぼくが全身のちからをつかってうけとめていた幼・少年期のわずかな情景がつながったのだろうと思う。

その後、村を離れ町での生活（学校教育）が始まっていくのであるが、これら幼・少年期の断片的な情景は、無意識のうちに記憶の外に追いやられていってしまった。自分でやはり、無意識のうちに記憶の外に追いだしてしまっていたのかも知れない。村を離れて二十数年後、寿町というドヤ街で識字学習を始めるようになって、やっと自分のことばの原風景に気づき、出会うことができた。

文字も音声もない、ただ関係のなかに存在することば

これらの情景と重なるように、ぼくの最初の「先生・師」となる隣の家の哲夫くんがいた。〝くん〟と書いたが、哲ちゃん（と呼んでいた）は、ぼくより五歳ほど年上で「聾啞《ろうあ》」者だった。戦後教育のスタート時の差別的教育体制によって、哲ちゃんは義務教育の「就学猶予《ゆうよ》」とされ（その後入学し）、ぼくの三学年上だった。話すことはできなかったが、学校の成績は抜群で、ぼくたちの遊ぶ範囲の山や川のことはなんでも知っていた。

ぼくは、一《いち》の家来の腰巾着《こしぎんちゃく》のように、毎日、彼の後ろにくっついて遊んでいた。川の魚のいるところ、危険な場所、食べてはいけない山のなかの植物の実、山芋の掘りかた、その下を通るとかぶれる木など、子どもの遊びの基礎知識を彼はたくさん教えてくれた。そのころ、「障害」者などということばも知らなかったし、哲ちゃんは哲ちゃんであり、彼の言うことはすべてわかり、なんの不都合もなかった。ぼくが鈍く、彼の言っていることが理解できないときは、手や足がとんできて、しっかりとからだで覚えさせられた。

彼との余談をひとつ。小学校一年生の秋だった。当時、学芸会（もう死語かもしれない）というのがあって、本校の学芸会に、分校からも全員でなにかだしものをすることになり、他愛もな

い「足柄山の金太郎」の芝居をすることになった。ぼくにとって、生涯、あとにもさきにもないただ一度の「金太郎」の主役がまわってきた。紙でつくったマサカリを手に、㊎と赤く描いたひし形のエプロン様の前だれをつけ、小さな椅子の上にのって「金太郎」の歌の一番を大きな声で元気よくぼくが歌い、それから、バックグラウンド・ミュージックにあわせて熊の背にのり、そのあと、相撲《すもう》の稽古《けいこ》をするという例のあれだ。ぼくは、主役に喜び、有頂天になっていた。

二か月ほどまえから練習がはじまった。熊の役は、当然、分校中でからだのいちばん大きい哲ちゃんだった。練習がはじまると同時に、予測もしなかった、ぼくの喜びや有頂天をこなごなに、屈辱にちかくうち砕く地獄もはじまった。学校での練習のあった日（週に三日から四日だからほぼ毎日）、学校から帰ると哲ちゃんから呼びだしがかかった。相撲をやろうというのだ。彼は、ていねいに小学校一年生にもわかるように説明してくれた。この説明も二か月間、そのたびごとにつづいた。

つまり、「おれは、きょうの学芸会の練習では負けてやっているだけだ。ほんとうにやってみよう」ということだった。そんなことは百も承知だといくら言っても、哲ちゃんは許してくれなかった。秋枯れた畑で日の暮れるまで、泥だらけになって、ぶつかり稽古はつづいた。ちからいっぱいやらないと、彼は怒る。日も暮れ、へとへとになったところで彼は、ぼくの衣服に着いた土をやさしく払ってくれながら、「また、あしたもやろう」と言った。子どもごころに主役とは、こんなにもつらいものかと思った。主役などもう二度とやるまいぞと固く決心したことは言うまでもない。

つぎの日の学校での練習では、哲ちゃんはなにごともなかったかのように、勢いよくみごとにひっくりかえってくれた。うまくいったときには、夫婦の先生や子どもたちが拍手をしてくれた。その拍手のオクターブが上がれば上がるほど、秋枯れの畑の土の匂いが鼻にせまり、暗澹《あんたん》としてぼくのこころは沈んでいった。

余談を、もうひとつ。村を離れて十数年たったころ、夏、お盆で村にある墓に家族で墓参りをすることになった。村をでてからそれまで一度も帰ったことはなかった。もちろん哲ちゃんにも一度も会うことはなかった。当時、村は廃村になっていたが、哲ちゃんは村を離れることなく元のところに一人で住み、山仕事などをしていた。哲ちゃんの家にも寄ることになった。ぼくは、不安だった。子どものときのように哲ちゃんと話すことができるかどうか、不安だった。昔、彼と遊んでいて、ぼくがすっと、その言っていることがわからなかったときの、彼の悔しく怒ったさびしそうな顔が想いうかんできていた。

墓参りが終わり、ドキドキしながら、横目で、ぶつかり稽古をした畑を見て、哲ちゃんの家への石段をのぼった。玄関であいさつの声をかけると彼がすぐでてきて、彼独特の呼びかたでぼくの名を呼び、おお一の家来、よく来たというような顔をして迎えてくれた。そして、言った。下の川にビールが冷やしてあるからいっしょに飲もう、と。彼のことばがわかった。ぼくは、涙がでそうなくらいうれしかった。彼のことばを忘れていなかった自分にもうれしかった。冷えたビールを飲みながら、会わなかった空白の時間のことをたくさん話した。

当時、ぼくは大学生だったが、ぼくの最初のやわらかい脳細胞をつくってくれた哲ちゃんのことばがわからなかったら、そのわからなくなってしまった自分に愕然《がくぜん》としていたと思う。ぼくのことばは、彼との関係のなかにあったのだ。寿町で識字学習をしながらそれに気づくことができた。それは、文字のない、音声のないことばの世界だった。先に文字のない世界に近づきたいと書いたが、それがこのことだ。識字は「勘性《かんせい》」(これは造語)のことだと思っている。文字の読み書きのできないところで、数十年、自分の鋭い勘だけをたよりに生きぬいてきた人たちのことばは、やはり勘性のことばなのだと思う。ぼくが、学校教育のなかで身につけたことばとはあきらかにちがっている。

〝いらない子ども〟と思いこまされたあるできごと

もうひとつ。これも識字をするようになって気づいたことであるが、ぼくのゆがんだ精神形成・人間形成をしたできごとを書きたい。これは、識字のことを書いたり話したりするときに、紙数や時間がある場合にあきらかにしてきたことであるが、すこしまとめてたどってみる。話しことばのほうがぼくの真意が伝わりやすいと思うので、一九九四年九月四日、国際識字年推進広島県実行委員会主催の「国際識字年推進・子どもの権利条約の完全実施を求める広島県実行委員会」第五回総会で〝識字・生きる希望の砦《とりで》――人間を深く問いつづけて〟と題して話したものに加筆していきたい。重複するところもあるが、それは読みとばしてもらえればと思う。

ぼく自身のことについてすこし話します。ぼくは、一九四五年に岐阜県の山奥の、分校のある戸数三十戸ほどの小さな村で、男ばかり五人兄弟の四番目として生まれました。

村のなかの生活は自給自足に近いものでした。米は当然できなくて、冬なんかは朝十時ごろに太陽が見え、午後三時ごろには山のむこうへ沈んでいってしまうような村で、たいへん貧しい村だったと思います。ぼく自身、子どものころ、まわりがみな同じ状態でしたから、貧しいともなんとも思わずに、小学校三年生の十一月までその村にいました。それから町に引っ越しをするのですが、小さな村のなかで、山にはいったり、小さな川が村のなかを蛇行して流れていたのですがその川で遊んだりして、夫婦の先生がいる分校に通っていました。同級生は、もう一人の女の子と二人だけでした。

このころ、ぼくの精神形成にひじょうに強く影響したできごとがありました。べつにそのことを、今、恨んでいるとかそういうことではなくて……。

当時、一番上の兄が、山を三つほど越えたところの小学校で代用教員をしていました。二番目の兄は、名古屋の乾物屋に仕事にでていて、いくらかの現金を送ってくれていたのだろうと思います。ぼくのすぐ上の兄とぼくと弟の三人が、それらにささえられて毎日の生活をしていたんだろうと（そんなことはぜんぜん考えていませんでしたが）思います。

そんなあるとき、ぼくが小学校二年生くらいだったと思うのですが、長兄が代用教員をやっている村の村長さんの家に子どもがいなくて、養子がほしいという話を、親たちが長兄を中心にして話しているのを聞くともなく聞いていました。子どものころのことですから記憶がはっきりしないのですが、親たちは、遠まわしにそれをぼくに告げていたのかもしれません。子どもごころに、まさかおれの話ではない、弟のほうがかわいいから、弟にきまっていると思いながら遊びまわっていました。

あるとき、秋だったと思いますが、遊び疲れて帰ってきたら、おふくろから「養子にいかないか」と、岐阜のことばで養《やしな》かすと言いますが、「おまえを養かすがどうだ」と聞かれ、そのようなことにたいして、七歳ぐらいの子どもが意見など言えるわけがありません。なにも言えないので、ただ子どもの抵抗で泣くしかなく、思いっきり大きな声で泣きつづけました。どれくらいの時間泣いたのか記憶にありませんが、長い時間だったように思います。涙は涸《か》れて、声もでなくなりました。そのうちにおふくろが、うるさいと思ってか、ぼくが泣くのがつらかったのか、「もう養かすことはしないから、泣くのはやめろ」と言ってくれました。そのまま、ぼくは泣き寝入ってしまいました。

目をつぶって泣いているとき、あとにもさきにもこんな経験は初めてだったのですが、目のなかで景色が遠くなっていってしまいました。学校や山や川や友だちや先生など、いろいろなものが目の奥でどんどん小さくなり遠くなっていきました。べつにぼくが早熟であったとかそういうことではなくて、そのとき初めて「死にたいな」と思いました。死ぬということの意味も知らない子どもが、死にたいと思ったわけです。さらに、死にたいと思いながら、なにを思ったかというと「大人は、こわいことをするなあ」ということと、もうひとつは「ぼくは、この家にはもう要らないんだ」ということを、子どもごころに思いこんでしまいました。それ以後も「大人は、こわいことをするなあ」ということと「おれは、この家からいつか放りだされるんだ」ということをいつも思い、かなり大人になってからも、そのように考えて生きていました。ぼく自身のトラウマだったと思います。父親や長兄から告げられたのではなく、おふくろから告げられたことが、ぼくにとってある種の救いだったのかと思います。

これはあとからふりかえってそう思うのですが、とにかくなにか悪いことをすれば、そんな子どもはもう要らない、と村長さんが言うのではないかと、子どもごころに考えたのだろうと思います。

あるとき、村のなかで、ぼくをひじょうに大事にしてくれた小学校六年生の須磨子《すまこ》さんとほかの子どもたちといっしょに、夕方、川の土手道で遊んでいました。そろそろ、みんな家に帰ろうとしていたとき、須磨子さんが、道を背にして川のほうを向いて立っていました。なにを思ったのか、ぼくは、須磨子さんの背をスーッと押してしまいました。須磨子さんは、ほんとうにびっくりしたと思います。三メートルぐらいの高さから、フワァーと跳んで川に落ちました。岩もなく、川の水もすくなくて、スカートとパンツがぬれたようすで、泣きながら村のいちばん奥の家へ帰っていくのを見とどけてから、ぼくは隠れましたが、すぐに見つけられて、家に連れもどされました。

そのあと、村のいちばん奥の家まで、かなりの道のりがあるのですが、おふくろといっしょに歩いて謝りに行きました。二番目の兄が仕事先から正月かお盆に持ってきてくれた鉛筆やノートなど、学用品を持って須磨子さんの家に謝りに行きました。ぼくの記憶としては、たいへん暗い秋の夜道でした。そのとき、おふくろがなにか怒ったのかどうかということは、ぜんぜん覚えていないわけです。おそらく、ほんとうに怒ったならば、ものすごくひどく怒られていて、ぼくの記憶にあると思うのです。怒られた記憶はまったくなくて、暗い夜道をおふくろは黙って、ぼくの手を引っぱって歩いていきました。

須磨子さんの家に着き、玄関でおふくろといっしょに謝っていた場面は、鮮明に記憶しています。裸電球がついていて、須磨子さんのお母さんが「いいよ。いいよ」と言ってくれたのをよく覚えています。須磨子さんの家からの帰り道でも、おふくろが怒ったという記憶はありません。今から考えると、おふくろは泣いていたのかとも思います。おふくろにしてみれば、ぼくがどうしてそんなことをしたのか、わかっていたのだと思います。おふくろもつらかったと思います。ほんとうにそのとき、須磨子さんが大けがをしたり、いのちをなくしたりしてしまっていたら、おそらく、今のぼくはないんだと思っています。

バリケード闘争の大学生活、日雇の肉体労働

それ以後、ぼくのこころのなかに、このことはひっかかりつづけていました。そのあと町へでて中学・高校といくのですが、いつもこころの中心に「おれは、不必要な、要らない人間なんだ」という想いがくすぶりつづけ、生きていました。気休めと逃避のようなスポーツをやりつづけていました。

大学にはいったころ、ちょうど六〇年代後半のバリケード闘争がはじまっていました。ぼくもバリケードのなかにはいり、大学に四年間いたことになっているのですが、三年間ほどはそればかりで、ずっと泊まりこみをやっていましたから、出席率は最高によかったと思います。そのときも、自分のなかで思っていたことは、「おれなんか要らない人間なんだ。どうなってもいい」「自分のいのちなんか、どうでもいいんだ」ということでした。そんなことを思っている人間が鉄パイプを持ったり、石を投げたりしていたことは、こわいことだと思います。自分のいのちをどうだっていいと思う人間は、相手のいのちなんかもっとどうだっていいわけで、たいへん恐ろしいことだと思います。やったことは反省していませんが、こわいことだと思っています。

そのあと兄たちの口ききで、ある出版社に就職がきまっていたのですが、それもことわってし

まいました。もういちど自分という人間を確かめるために、からだを使って仕事をしている人たちといっしょに仕事がしたいと思い、関西のある都市の中央市場の冷蔵庫の日雇作業に行くことにしました。その冷蔵庫は、太洋漁業という会社の下請け会社の冷蔵庫で、冷凍の魚や野菜や肉が何千トンとはいっている七階建てのビルでした。そこで、五年間ほど仕事をしました。中央市場には、今でもそうだと思うのですが、被差別部落の人や在日朝鮮人の人たちが朝早くから仕事にきていました。その人たちのなかに、文字の読み書きのできない人たちがいるなあということはわかっていましたが、そのころはまだなにもできませんでした。

毎日、朝から夕方までただ肉体労働の仕事を——冷凍された魚がダンボールのケースにはいっていて、一ケース二十キロから三十キロぐらいあるのですが、それをトラックから降ろしたり、トラックに積みこんだり、また冷蔵庫からだしたり、冷蔵庫に納めたりする仕事をしていました。とくに冬などは、朝から冷蔵庫にはいるのが寒くて仕方がないから、まず一杯、酒を飲んでから仕事をはじめ、結局、一日中酒を飲んでいる状態で、五年間その仕事をしました。アルコールでよくからだを悪くしなかったと、強いからだに産んでくれた親に感謝しています。

その後、一九七三年のオイル・ショックがあって、しばらくは仕事をつづけていたのですが、結局、〝冷蔵庫〟をやめさせられてぶらぶらしているとき、出版社に勤めている友人が、来ないかと言ってくれて、そこで四年間ほど単行本の編集の仕事をしていました。

そのころ関西から関東に移っていました。今も神奈川県の横須賀というところに住んでいるのですが、横須賀から東京のその出版社というか会社に行くのに一時間四十分ほどかかるわけです。朝、満員電車ででかけ、帰りはすこし酒を飲んで終電車で帰ってくるという——そんな毎日のくり返しでした。サラリーマンの人たちが、毎日、満員電車に乗って通勤しているということが悪いとかではなくて、ぼくは、もう耐えられなくなってしまいました。

これではなにをやっているのかわからなくなってしまったというか、なにを自分がやりたいのかというそんなことを考えてしまって、ちょうど出版社の社長もいいかげんな人でしたので、けんかをして辞めてしまいました。

柴田道子さんに教えられ手渡されたもの

もうすこし自分のことを話します。これは、ぼくの生きかたを決定的にしてくれたことですが、児童文学者の柴田道子さんとの出会いがありました。柴田さんは、狭山弁護団の弁護人・横田雄一さんのお連れさんでしたが、狭山事件の現地調査に精力的に取り組んでおられたとき、四十一歳の若さで逝《い》かれてしまいました。

そのころ、ぼくは京都に住んでいたのですが、あるとき柴田さんから、講演に行くから泊めてほしいと連絡がありました。それまで、あいさつていどの手紙のやりとりをしていただけで、泊めてほしいと言われてうれしかったのですが、とにかく、そのころ住んでいたボロアパートに来て泊まってもらいました。ちょうど柴田さんは、長野県の被差別部落の古老の聞き書き『被差別部落の伝承と生活』（三一書房）という本をだされたあとでしたので、その聞き書きのときのことや狭山事件の現地での調査のことなど、夜を徹してたくさんのことを話してもらいました。つぎの日、講演があるのに大丈夫かなと心配しながら、ぼくは話を聴いていました。朝方になり、やっとすこし休むと言って休まれました。柴田さんは、ぜん息の病気があって、話されているあいだも三時間おきにぜん息の発作をおさえる薬を飲んでおられました。

すこし寝て起き、講演先に向かう駅まで送り、その朝、別れました。一日の仕事が終わって、夕方アパートに帰ると、柴田さんから連絡がはいり、もう一日泊めてほしいということでした。その夜も、昨日のつづきの話を、つぎの日の明け方近くまで聴きました。そして、最後に柴田さんは、つぎのようなことを言われました。そのころのぼくは、前しか見ていないというか、前にしか自分の行くところはないと、後ろは絶対にふりかえらないというような気持ちで生きていました。

そんなとき、柴田さんは、「大沢さん、大沢さんが小学校、中学校に通っていたとき、クラスのなかによく学校を休んでいた子はいなかったか。学校には来るけどなにも喋らず黙って下を向いているような子はいなかったか。ときどきは学校に来ていたけど、知らないうちにどこかに引っ越していってしまった子はいなかったか。そのなかに被差別部落の子や朝鮮人の子はいなかったか。そういうことを一回、思いだして考えてみてください」と言われました。ぼくは二日間、たくさんの話を聞いて、そして考えてみたら、ぼくの小学校・中学校の同じクラスに被差別部落の子や在日朝鮮人の子が確かにいたのです。

学校ではなにも教えてくれず、ぼくは、その子たちのことを考えることもなく、気にもしないで小学校・中学校に通っていたと思います。いや、気にもせずではなく、その子たちの家でのようすや生活のことを考えて、ぼくがその子たちになにかあたたかいことをしたという記憶がまったくないのですから、おそらくつめたい目でその子たちを見、つめたいことばを投げかけていたのだろうと思います。これは、まちがいのないことです。今まで一度も思いだしたこともなく、柴田さんに言われて、初めてその子たちのことを思いだしたのですから――。思いだしはじめたら、いろいろなことがいっぱい思いうかんできました。もうすこしきちんと勉強のやりなおしをしなければと思いながら、でも、なにからはじめていったらいいのかわからないまま、それでもひとつの糸口を柴田さんに教えてもらったと思っています。

そのとき柴田さんは、狭山事件の調書をぜんぶ読んで、事件に関してどんなに小さな疑問であってもいいから、おかしいと思うことがあったら連絡してくださいということも言われました。さらに、最後に、「闘いは、一人からはじめていくのです。どんなにしんどくてもやっていれば、きっと一人、二人とわかってくれる人がでてきます」とも言われました。

三十四歳で識字をやりはじめて、ぼくは、自分の人生をもう一回生きなおしてみようと思いました。今までのことは滅茶苦茶で、取りかえしはつかないし、手ひどいことをいっぱいやってきたけれど、それはそれできちんと整理しながら、ちがう生きかたを、ほんとうの生きかたをやってみたいと思えるようになったのです。

おふくろはもう亡くなってしまいましたが、七十歳のとき脳溢血で倒れて、脳の血管がぼろぼろで手術はできなくて、病院のベッドで頭を上から下から氷で冷やして頭の血をかためるため、ずっと寝たままの状態が三か月ぐらいつづきました。三、四時間おきに、冷やしている氷をとりかえなければなりませんでした。

ぼくもできるだけ時間をつくって横須賀から岐阜の家に週三日くらい帰り、病院で寝泊まりしていました。ぼくの兄弟はみな、岐阜市内にいますし、その連れあいもいます。ぼくだけ離れて住んでいます。病院でおふくろが寝たままの状態でいたあいだ、おふくろの下《しも》の世話をだれかがしないといけないのですが、その下の世話をおふくろがさせてくれたのが、いちばん上の兄の連れあいとぼくでした。一人ではきつくて、そのもう一人にぼくを選んでくれて、やらせてくれました。親というのは最後まで、できの悪いのを鍛えるなあと思いました。これも、ありがたかったです。

ある晩、病院で枕もとに豆電球をつけて寝ていたとき、おふくろがウンコがしたいって言うから、オマルをつけて、便をしたあと、冬で寒かったので、暖かいタオルでお尻をふいたんです。おふくろは、寝たままの状態で「敏ちゃん、すまんなあ」と言いました。ぼくはそのとき、「すまんことはない。おれが子どものときは、いつでたかどうかわからんのに世話をしてもらったし、そのお返しで、母さんはちゃんと言えるからいいよ」と言いました。

ぼくは、昔のこと、養子にだされそうになったことにこだわりをもってやってきたわけではないのですが、おふくろは、最後に謝ったんだなあ、と思いました。ぼくが勝手に思っただけで、ちがうのかもしれませんが、親というのは子どもに謝るんだなあと、あらためて思いました。

（講演録〝識字・生きる希望の砦〟から）

寿町の識字にたどりつき、救われ、励まされ

詩人の石原吉郎は「肉親へあてた手紙」（『望郷と海』筑摩書房）のなかで、つぎのように記している。「人間が蒙《こうむ》るあらゆる傷のうちで、人間によって負わされた傷がもっとも深いという言葉を聞きます」と。石原も肉親によって負わされたと言いたかったのだと思う。子どものころのことにもどれば、自分に、表現することばや抵抗することばがあったならば、いくらかの防御やあらがいができた。まったく無防備ないのちの生きる出口を封じられてしまったのだ。心臓が砕けたのだと思った。

三十四歳で寿町の識字にたどりつき、すこしずつ、やっとありのままの自分を生きられるようになっていった。識字でぼくが救われたのだと思った。救われはしたが、まだそれに見あうなに

もののお返しもできていない。景色や情景は変わるが、ただ愚直に歩むことが、ぼくのできるお返しか。拙詩「マタイ伝」。

足尾鉱毒に抗して生きた
田中正造は
分冊の小冊子「マタイ伝」を
いつも持ち歩いていた

それを知った　一牧師が
新約全書を贈ろうとしたとき
田中正造は
分冊の小冊子を手にして
「私は　まだ　この　一冊も　実行できないでおりますから」
と　言って
それを
固辞したという

六十三歳からの九年間

一日も一刻もやすみなきたたかいを
たたかい
谷中水村に没した
それが
田中正造の
生きるすがただった

ぼくは、全国の識字学習にかかわる人たちにささえられ、励まされてきた。学校教育をうけることができず、幼い労働力として過酷な労働や、ことばにできない屈辱にさらされながら生きてきた人たちが、その道すじを涙ながらにユーモアをまじえて淡々と語り、さらにこれから自分がどう生きていくのか、どんな他人《ひと》との関係をつくっていきたいのかを話したり書いたりするとき、恨みや捨て台詞《ぜりふ》ではない、苦難の山越えの人間のことばにぼくは感動する。みんな、自分の生きてきたことのなかで身につけたことばで表現していくから、それは真実であり、ほんとうのことばなのだろうと思う。それに感動し励まされるのだ。

自分の生きる姿勢、希望もふくめて、なにをめざし、どんな人になりたいのかと問われたら、やはり拙詩「ただの人」のようになりたいと思っている。

かつて

生死をかけた
たたかいの渦中
そのリーダーは
何を望み　どんな人になりたいのか　と問われ
　ただの人になりたい
と　言った
ごくふつうに　ありふれた
他人《ひと》との関係のなかで
一日一日を慈しみ
何かを欲するのでもなく
何かを成しとげるのでもなく
淡々と　おだやかに
自分の日々を暮らし
それで
充分という営みを
生きたい　と

また
かつて
部落解放運動の父といわれた松本治一郎は
　不可侵　不可被侵
という　ことばを残した
　侵さず　侵されず
これも
やはり　ただの人になることか
淡々と生き
淡々と死んでゆく

ともに
なんと微妙で　揺らぐことのない位置の
勁《つよ》い生きる姿勢であることか

はじまりの地に佇《た》つために——若い学び人《びと》へ

二〇〇二年

学校教育で、自分はなにを「学ばなかった」のか

寿町の識字においては、大学生たちを中心にして、文字の読み書きのできる人たちも識字の席につき、同じように自分の識字の文章を書きつづけている。なぜ、文字の読み書きのできる人たちが「識字」なのかという質問も、多くうけてきた。識字は、文字の読み書きを自分のものとするところからはじまるが、ぼくは、識字は人間全体のことと思っている。

たしかに、学校教育をうけることができたことによって、文字の読み書きをできるようにはなった。かつて、ぼくは、文字の読み書きができることは当然のことと、それこそなんの疑問をもつこともなく、文字を使ってきた。そして、その文字の読み書きができることを人間全体のこととは一度も考えてこなかった。文字の読み書きのできないまま成人した人たちがいることさえ、念頭になかった。

人間全体のこととは、ずいぶん曖昧《あいまい》なことばであるが、ぼくなりに考えたその意味をすこした

どってみる。

文字の読み書きができて当然の日本の社会のなかで、文字の読み書きができないということは、それができる人たちにとっては、想像を絶することである。想像を絶することであるが、すこし考えてみれば、日常生活のすべてが文字と数字によって営まれているといっても過言ではない。そんな日本の社会のなかで、かつて文字の読み書きのできなかった人たちが、文字を習い、文字を自分のものとして、自分の生きてきたこと、自分の生の歴史を表現しはじめたとき、その人は文字のある新しい世界にはいっていく。その新しい世界は、自分の今まで生きてきた歴史を逆照射するかのように浮きぼりにしていく。それは、自分の今まで生きてきた世界を客観視する世界といったほうがいいのかもしれない。

かつて文字の読み書きのできなかったときの自分の生の歴史を対象化するというのは、どう考えても過酷なことだ。でも、それをしていく。新しい自分のほんとうの世界を獲得していきたいという、人間としての本性のような願望がそうさせるのではないか。

新しいほんとうの自分の世界は、だれもが渇望している世界だ。文字の読み書きをなんの疑問もなく習得していった人たちにとって、ほんとうの自分の世界は、どんな世界だったのか。なんの手がかりもない。「記号」としての文字を習得し、それを基礎にして技術としての幅ひろい知識を身につけることが、ほんとうの自分の世界だと錯覚してしまうところに日本の学校教育の功罪があった。罪のほうが多いことは言うまでもないことであるが、無自覚・無意識のうちにどれだけ多くの秀《すぐ》れたちからをもった人たちが、ほんとうの自分の世界を見失っていったことか。

識字に出席する大学生たちは、技術としての幅ひろい知識を身につけた「優秀」な人たちであることにまちがいはない。たしかに、わざわざ識字の現場にでかけてくるのだから、それなりになにか問題意識をもった人たちであろうことは想像することができる。おそらく、そのなにかに気づきはじめた人たちなのだろう。受験勉強から解放され、やっとペーパーのうえのことではない、人間のことを学びはじめた人たちなのかとも思う。しかし、他者としての人間のことを学ぶにしても、おのれの人間をあきらかにしないことには、その学びの位置につけないことに気づいていく。ぼくがそうであったように、学校教育のなかで学んだほとんど意味のない「知識」などは、識字のなかのなま身の人間の生の歴史のまえでは、こっぱみじんに吹きとんでしまう。意味のない「知識」などと言ったが、それを唯一の拠《よ》りどころとしている人たちのいることも事実だ。それはそれでいいと思う。

人間の生きること、死ぬことをはじめとして、人間の哀しみ、歓び、怒り、苦しみ、夢や願望や希望を自分のこととして学ぶことは、やはり、人間全体のことを学ぶことではないか。その学びの最初に、まずおのれ自身をあきらかにすることがあるのではないか。学校教育においては、おのれ自身をあきらかにする必要などまったくなかった。学校教育のなかで正直に自身をあきらかにして学ぼうとした子どもたちの多くは、その教育体制から弾きとばされていった。あるいは、みずからその教育体制を拒否していった。そして、たくさんの子どもたちがその教育体制に、すこしずつ、すこしずつ均されていった。

均されて生きてしまった若い人たちが、均されて生きてはきたけれども、なお納得できないなにかが自分のからだのなかで渦まきくすぶっていることを、それがどんなきっかけであるかはわからないが、意識するようになっていく。納得できないなにかは、不鮮明・不確定なものであるけれど、おおよその見当はついている。それは、自分のうけた学校教育のなかで学ぶことのできなかったこと、つまり、人間全体のことを学びたいという渇望のようなものだ。それが、彼らや彼女たちを識字の席に座らせているのではないかと思っている。

そして、識字の席に座ることによって、自分自身の精神のゆがみや人間全体のひずみにいやおうなしに直面することになる。直面したことから逃げるならば、その人の責任において、それはそれでいいと思う。逃げてもなにも問題は解決しないのだが、逃げる自分を認識できただけでも、識字の席に座った意味はあったのだろうと思う。また、直面したことから逃げることなく、誠実に自分の問題や課題に取り組んでいった多くの若い人たちがいた。

文字は書けるが、書くべき自分のことばがない

寿町には、まったく学校に通うことができなかった人たちをはじめとして、さまざまな学校教育をうけた人たちが住んでいる。

一九八一年の三月から現在の寿生活館の四階の会議室を使って識字をするようになったわけであるが、その四階には、街の人たちが無料で自由に利用することのできる娯楽室や、ガスコンロが二つ備えつけられている炊事場や、洗濯機・乾燥機のある洗濯室やシャワー室などがあるため、識字をしている部屋にもごく自然にだれがはいってきてもよいという「全公開」の識字になっていった。簡単な自炊の食事、洗濯、シャワーを浴びたあとなどに、ふらっと「おれも勉強していいか」などと言って識字の部屋にはいってくる人たちがいる。その人たちに、いちいちどんな学校教育をうけたかなどを聞くことも味気なく、部屋にはいってきて座ってくれるだけで十分で、年齢もちがい、多様な生活経験や体験をしてきた人たちが同席して学びあうことも寿町の識字ならではと思うようになっていった。

この識字の初期のころから、東京の大学生の人たちが、毎回、数人ずつ参加していた。はじめは、文字の読み書きにかかわるなんらかの「手伝い」でもするつもりで参加していたであろうそれらの学生たちも、識字に出席する労働者（当時は男性ばかり）の話すことや書く文章の中身に圧倒されて、「手伝い」をするなどという「了見」は捨てざるをえなかったように思う。さまざまな人たちに囲まれて識字の席についた学生たちは、ぼくもそうであったが、語るべきあるいは書くべき自分のことばをもちあわせていなかった。

ぼくは、寿町の人たちの学びにむかう姿勢に接すると、おのずと自分自身の精神もただされていくような気がしていた。文字の読み書きの十分にできない人たちであったが、一人ひとりそれぞれに安易ではない自分の生活を生きてきた人たちであった。文字の読み書きが十分にできないということは、身ひとつのからだをつかって生きてきたということだ。

こんな言いかたは適切なのかどうかわからないが、彼らのことばは、身ひとつのからだで覚えてきたことばであり、ぼくや学生たちのことばは、どう考えてもからだではなく頭で覚えてきたことばだった。

ここで、最近、邦訳されたブラジルの成人識字教育の理論的実践者である故パウロ・フレイレの晩年の著作『希望の教育学』(里見実訳、太郎次郎社)から、ぼく自身、はっとさせられた部分を、すこし長いが引用する。引用部分の話の展開の前後の関係は想像してもらえると思うので、シソと呼ばれる農民の象徴的なことばとして読んでいただければさいわいである。


さて、あんたさんが来て、ききなさる。シソさん、キョーイクって何ですか、って。そうさな。よかろう。わしがどう考えるか、ひとつ、いってみよう。それじゃ、あんた、〝キョーイク〟って、口に出していってみな。うん、それから、わしもいうぞ。〝キョーイク〟って。おんなじ言葉だよな。ちがうかい? 発音のことだよ。わしがいっているのは。発音だけだ。〝キョーイク〟。でも、わしは、あんたにききたいね。これって同じことかね? ひとがこの言葉でいっていることってのは、同じものなんかね? わしはいいたいね。ちがうぞ、って。あんたみたいな旦那さんに向かって、わしは声を大にしていいたいね。ちがう、ちがうぞ、って。ぜんぜん、同じじゃないと、わしは思うよ。
教育っていいなさったね。旦那さんがやってきて、〝キョーイク〟っていいなさるとき、あんたは別世界から来たお人だ。わしたちは、あんたとはちがう。わしらは、この世のどん底から来た人間だ。素寒貧《すっかんぴん》の人間が住んどるところを、世間はそう呼んどるでな。ちがいを、ちょっと比べてみようか。あんたのつかう教育っていう言葉で、何を思いうかべたらいいのかね？　学校、じゃないのかね？立派な先生がいらっしゃることじゃろう。みんな、いい服を着とる。しゃれた制服だ。新品の本。そうさな、それからノート。万年筆もあるかな。みんな特別誂えの、ちゃんとしたものだ。学校の教室があって、そこにいる人間は学士様になっていく。それが旦那さんの世界。そうじゃないのかね。わしはそう思うんだがね。でも、わしがアタマを絞って考えた想像じゃよ、これは。ここじゃ、そんなもん、見たことないけんな。

人類学者のカルロス・ブランタンが調査のため各地をまわっているとき、農民との会話として採録したものの一部であり、ブランタンの編集した書物の序文として、これを載せているということだ。民衆のことばを訳すのは、なかなか困難なことと思うが、その意はよく理解できる。かつて、フレイレは、教養言語と民衆言語を対比させたが、そのことだろう。同じことばでも、それをつかう人の生活体験や日常生活の経験、もっと広く言えば、その人が産まれ生きてきたなかでのすべての体験や経験が、ひとつのことばの背景にひろがっているのだろう。抽象的なことばは、すべてその多様性をもっているといえる。
今もそうかもしれないが、ぼくが識字をはじめたころ、十分に学校教育をうけることができなかった人たちにぼくが話したことばは、ぼくが認識して伝えようとしたこととは、まったくべつのこととして彼らや彼女たちに伝わっていたのではなかったかと、このシソのことばを読みながら、あらためて考えさせられた。

ここですこし、識字のことばと、識字の学びにおける〝素材〟のことについて書いてみたい。識字のことばは、個々それぞれの生いたちからはじまり、生きてきた生活領域のなかで育まれていく。そのことばを、異質のものとしてではなく、それぞれの人たちにとって固有のものとして確認していくことが大切なこととしてある。その固有の生の道すじのドラマに、識字でさしだす素材が、どれだけ、どのようなかたちで触れうるのか。そして、そこから新しい、個々それぞれのドラマを識字のなかで、自分で再生していくことを、ほんのすこしではあるが手だすけすることができれば、そのときの識字の素材は、意味のあるものとなっていくのだろう。

それぞれ固有の生の道すじのドラマは、一般化されたり、あるいは識字共同学習者（教師・講師など）の一方的なことばによって地ならしされてはならない。むしろ地ならしされてはならないことばのなかにこそ、その人の生きてきたなにものにもかえがたい事実や証や存在証明があるのではないか。識字共同学習者は、それを見落としてはならない。識字共同学習者にとって些細《ささい》と思える（傲慢にも）もののやことのなかにこそ、その人の生きてきた揺るぎない事実の汗や涙や悔いや歓びがあるのだ。それが浅薄な学校教育の思想（ことば）によって地ならしされてしまうと き、識字学習者はその識字の席を去っていくのだろう。

パウロ・フレイレが、何度も「対話」の重要性を語り、民衆のことばにこだわりつづけたのは、このことだったのだと思う。言いふるされたことばであるが、生活者の「ほんとうのことば」を、識字共同学習者が、どのような位相でとらえ、噛みくだき、そのことばの全量の重みと拮抗するものを識字学習者に返していけるかどうかだ。

活発で優秀な女子大学生が抱えていた重い痛み

ぼくが識字をはじめたころ、なぜ、読み書きのできる大学生の人たちが、毎週、出席し、なにも言わないのにせっせと自分の文章を書いているのか、ぼくもよくわかっていなかった。彼ら・彼女たちの書いた文章にたいしては、当時の全国の解放教育のレポート検討などに参加していていくらかの視点があったために、それなりの問題点の指摘をしていた。でも、よくはわかっていなかった。そんなころ、二十歳のたいへん活発な雰囲気の女子大学生が、二、三回出席したあと、つぎの文章を書いて、みんなのまえで読んだ。

中学の時、高校の時、母が大嫌いだった。憎んだこともある。ひとつひとつ私のすることにギャーギヤーと小言を言う母、私が苦しんでいる時に、のうのうと家庭の主婦でおさまっている母が大嫌いだった。「母」という題の作文には、あんな女にだけはなりたくないと書いた。物を投げた。つかみあいのけんかをした。ののしりあった。家を出ようと思ったこともあった。東京の大学へ行きたいといった時、母は猛烈に泣きわめいて反対した。口をきかない日が長く続いた。

それでも、私は東京の大学へ入り、そして今、母はたびたび手紙をくれる。おいしいものたべてるか。夜遅く暗い道を歩いていないか。友達と仲良くしているか――内容はいつも同じだ。私も母の許を離れ、今までの自分たちの争いのおろかさを痛感し、母を愛おしく思うようになった。やっと、うちとけあえた、と思った。今は父も健在で暮らしは苦しいということはないが、老いは父と母の目の前に控えている。父も母も、私にとって本当にかけがえのない大切な人だから、しっかり、父と母の力になれるよう頑張らねばと思った。

私は、いつか自分が大人として、父と母の力になれる日のことを夢見たり、帰省するたびに、母の手伝いをしたり、母と話ができることに、無邪気に喜んでいた。

でも、今、それが傲慢でしかないこと、〝わかり合えた〟〝うちとけ合えた〟などという言葉は、私の思いあがりでしかないことを感じる。

母は、四十八時間陣痛で苦しんだ。そして、ていおう切開で私を産んだ。二十年前のていおう切開は今のように安全なものではない。私は母に乳をもらっている時、母の胸をかみちぎり、そのために、母の胸から半年以上もうみがでて、母は病院通いをした。私の小さい頃のアルバムの中のどの写真をみても、母の添え書きがしてある。ひとことひとこと、母が写真の中の私に語りかけている。そして、あれからずーっと、母は私に語り続けてきたはずなのだ。

その母を、私は憎み、ずたずたに傷つけてきた。私にしょうゆ入れを投げつけなければならなかった時の母の気持ち、私をののしらねばならなかった時の母の気持ち、「なんで、こんな子生んだやろ」と泣きくずれた母の気持ちを考えると、私は発狂したくなる。

暑苦しく、ムシムシする夏をはさんで、母は十ケ月もの間、自分のお腹に私を宿し、私という命をこの世に生みだしてくれた。十ケ月の間、どれだけ不安だったろう。どれだけこわかったろう。それでも、母は私を生んでくれた。

私には、この母をつつめるような力などない。母は、私がつつみきれるような、そんなちっぽけなものではない。

母を、いつも必要としているのは私なのだ。

自分の書いた文章をみんなのまえで読みながら、声がつまり、最後まで読みきるのに時間がかかった。みんなも、声をかけながら、待った。そして、彼女は、読みきった。

ぼくは、その当時、彼女のことばの表面だけしかとらえることができていなかった。たいへんな家庭内での母親との争いであるが、なんとか修復し、和解しえたのだと思った。それ以後、のびのびともちまえの明るさと活発さ（のように、ぼくには見えた）と秀れたセンスを発揮して、大学でもそのほかの場面でも、群を抜いた活動をしていった。

しかし、卒業をひかえたある年の暮れ、元気のない顔であらわれ、卒業したら福祉関係の仕事をしたいがどこか紹介してもらえないかということであった。就職も前年の暮れでは遅すぎると思ったが、元気のないのはその就職のことで思い悩んでいるからだと思った。どこか探してみるということでそのことは引き受けたものの、あまりにも暗い顔をしているのが気がかりで、結局、朝までファミリー・レストランで話をした。子どものころのことから、家族のこと、大学でのことなど、たくさん話してくれた。ぼくの勘が鈍かったのだと思うが、そんなにひっかかることはなかった。

就職の件が気になりつつも時間が過ぎ、年が明け、もういちど会って話そうと思っていた矢先に、大手の某有名企業に就職がきまったことを連絡してきてくれた。よかった、おめでとう、とは言ったものの、考えてみれば、大手企業の就職が卒業まぢかにきまるはずはなく、暮れにも、そんな話はひと言もなかったから、よほどそこへ就職するのがいやだったのかと、連絡をうけたとき、ふっと思った。暮れに会ったときにそのことを話してくれなかったことに関しては、ぼくは、いっさいなんとも思っていなかった。前途は明るく、彼女の力量からすれば、十分その企業でやりきっていけると思った。

大学を卒業して六か月ほどして、体調を崩して会社を辞め、田舎に帰り、今、病院に通っているという連絡がきた。

そのとき、ぼくは、初めて気がついた。彼女の文章にあるように、母親との関係は、いくらかの修復や和解はあったかもしれないが、彼女自身のこころの傷は癒されていなかったのだということに。あまりにも深い傷であったことに。ぼくが（その時点で、まったく不勉強で力量不足であったために、ぼくになにかができたとは思わないが）、もうすこし視点をかえて彼女の話を聴くことができていたら、もっとちがったなにかができていたのかもしれなかった。

そのころから、アダルト・チルドレンやさまざまな依存症やＰＴＳＤ（心的外傷後ストレス障害）などの勉強をはじめていった（当時、すこしはかじっていたが、身についたものとはなっていなかった）。彼女にたいしては、深い反省と自責しかないが、彼女によってぼくは、識字の新しい課題を与えてもらった。彼女は今、田舎で仕事についているという連絡があった。十八年ほどまえの、恥ずかしいぼくの識字実践だった。

対話する声とからだを失った大学生たち

識字に来る大学生の多くは、福祉や教育の仕事を希望する人たちだ。しかし、初めて識字の席について話をするとき、もちろんいくらかの緊張はあると思うが、三人がけの長机の自分の領域を守り確保するかのように、いくぶん背を丸めて机に両肘をつき、話すときにはその顔だけをあげ、話が終わればまた机を見るというのが、だいたいきまったスタイルだ。このスタイルが悪いと言っているのではない。日本の学校教育の着席スタイルなわけで、ぼくもしてきたと思う。十数年にわたって、それを強要されてきたら、だれでもそうなる。授業中、立ち歩きなどをしている子どもたちを見ると、それでいいんだ、それでいいんだ、とむしろ納得してしまう。

それはさておき、こんどは、彼ら・彼女たちの話す声も気になる。竹内敏晴さん（演出家）流に言えば、喉《のど》がしめつけられているというのか、息ぐるしいというのか、発する声がなかなかこちらまで届いてこないことが多い。なにか声が、自然に発声されたものではなく、ちがっているのだ。この人のほんとうの声は、どんな声なのかと首を傾げたくなってしまうこともしばしばある。腹話術のような話しかたをする人もいる。

これも学校教育を悪様《あしざま》に言ってしまうが、その声は、なにか質問されたことにたいする解答なりなんなりを発する声かもしれないが、なんらかの会話や対話をする声ではない。会話や対話は、伝えようとする意志がいちばん大切であることは言うまでもないが、その声の強弱や話すリズムや間《ま》などが主要な構成要素となっている。むずかしく言う必要もないが、ごく自然に話すことなのだ。学校教育によって、自分のほんとうの声まで奪われてしまったのかと暗澹たる気持ちになってしまうことがある。

それらの人たちにたいしても、さきほどのパウロ・フレイレの引用の文章ではないが、ぼくの話すことばは、ぜんぜんちがった意味で伝わっているのかもしれない。声は自然にだしてほしいと思うし、背筋も自然に伸ばしてほしいというところから、ぼくたちの識字がはじまっていく。

もちろん、そんな人たちばかりではなく、はじめから声もいきいきとしていて、ゆったりと自然に座る人たちもいる。

家族のなかでタブー視されてきた廣子おばちゃんのこと

吉田浩司さん（二十九歳）は、今、横浜の小学校の教員をしている。教員になって四年目だ。識字に出席するようになって、もう六年くらいになるか。寿町の識字にでかけてきたきっかけは、ユネスコによって提唱された〝国際識字年〟を機に開催された「かながわ識字国際フォーラム」（一九九〇年）の報告集『識字をとおして人びとはつながる』（明石書店）を読んだことであったという。

突然、識字の部屋にあらわれて（みんな突然、あらわれるのだが、もちろん、それでいい）、ぼくは、吉田さんのことは、当然、なにもわからない。実際、どんなことをしているのか知りたかったから来ました、と言っていた。最初、すこし話したとき、教員採用試験を受けるのだということと、ネパールから帰ってきたところだということは聞いた記憶がある。そのころ吉田さんは、横浜の中央卸売市場でマグロのセリの手伝いというか準備のアルバイトをしながら（早朝午前三時ころから五時間ほど）、その後、教員採用試験の受験勉強をしている（と、本人が言っていた）ということであった。

その後、つづけて出席し、いろいろなことを話すようになった。そのなかに、これは大切なこととして、十八歳から約三十年間にわたって統合失調症の治療をうけ、そのほとんどの歳月、精神病院に入院していたおばちゃん（吉田さんのお母さんの妹）の話があった。

「多文化共生共育フォーラム」（一九九八年）で吉田さんがそのおばちゃんのことを話したとき、ぼくが司会をしていて、吉田さんの話をもとに、十分ではないがまとめた文章があるので、すこし加筆・修正をして、それを引用してみたい。

吉田浩司さんの報告は、昨年の五月二十四日に亡くなったおばちゃん、黒石廣《ひろ》子さんのことでした。

廣子おばちゃん（吉田さんのことばで）は、十八歳のときから亡くなるまでの約三十年間にわたって、「精神分裂症」ということで家族や身内から隔離され、精神病院での生活を余儀なくされました。若いころ、その病気を理由に彼女の結婚は破談になっています。一時退院で実家に帰ってきたときには、多くのトラブルもありました。吉田さんが中学生のころ、廣子おばちゃんの母親が亡くなり、身内といえば吉田さんの家族だけになりました。

吉田さんが子どものころから、廣子おばちゃんをめぐって、家のなかは、廣子おばちゃんが病院からかけてくる電話が原因となって、言い争いが起こり、ぎくしゃくした状態がつづいていました。中学生のころには、そのことで吉田さんは、お父さんと大きなけんかをしてしまいました。

そして、吉田さん自身も、無意識のうちに廣子おばちゃんのことを家のなかで話してはダメなんだと思うようになっていきました。筋道をたてたなんの説明もなく、触れてはならないこと、話してはならないこととして、疑問を感じ、気にはかかりながら、廣子おばちゃんの存在を遠ざけていきました。そのうち、お父さんやお母さんと同じように、廣子おばちゃんの存在を否定するようになっていきました。もっとも、お母さんは、自分の妹という肉親の立場でいちばんつらく、苦しかったと思いますが、ときどき病院に面会に行っていたということでした。

廣子おばちゃんには、家族のこと、身内のことはなにも知らされませんでした。吉田さんには、お姉さんとお兄さんと一人ずついますが、そのお姉さんが結婚するときも、なにも知らされませんでした。

吉田さんは、なにも知らされなかったことにかかわって、自分は、廣子おばちゃんにとって甥として、赤ちゃんのとき抱っこされていて当然のはずなのに、それもされていない。それもされていないということは、産まれたときから、廣子おばちゃんと出会うことを封じられ、隔絶され、差別者の位置におかれていたのではないか、と気づきます。

六年ほどまえ、吉田さんのお父さんが亡くなり、その一年後、お母さんも亡くなりました。そのことも、廣子おばちゃんには知らされませんでした。また、そのころ吉田さんのお兄さんは、ある女性と婚約をしていました。しかし、お母さんのお葬式が終わって一週間ほど経ったとき、婚約指輪が返され、破談となりました。お母さんのお葬式のとき、だれかから伝わり、お母さんから「隠しなさい」と言われていた廣子おばちゃんのことがあきらかになったからでした。吉田さんは、婚約指輪が返される場に同席しました。しかし、お姉さんもお兄さんも、そして自分も、なにも言いかえすことができませんでした。ということは、自分たちは破談にしたがわと同じがわにいたのだ、と。同じがわにいる自分たちを、廣子おばちゃんを抹殺してきた自分たちを、認めたのだ、と。このことはあとになって、識字の場で気づいたということでした。

その後、吉田さんは、ネパールへ四か月ほどでかけました。

廣子おばちゃんと出会いなおすための一年間

ネパールから帰ったあと、廣子おばちゃんの病院での生活の後見役として、病院に通うようになりました。同じころ、寿町の識字にも参加するようになりました。識字のなかで、毎週、吉田さんは、廣子おばちゃんと自分のこと、家族とのことを書きつづけました（廣子おばちゃんをとりもどす、自分をとりもどす識字だったと思います）。

吉田さんは、お母さんと廣子おばちゃんの故郷、大山（神奈川県伊勢原市）を訪ねます。秋には、その大山の柿をもって、廣子おばちゃんとの面会に行き、昔の大山での子どものころのことなども聞いていきました。

あるとき吉田さんは、「荒れてしまうのではないか」という不安をかかえつつも、廣子おばちゃんに知らせていなかったすべてのことを話していきました。廣子おばちゃんは、静かに、涙をながして聞きながら、最後に、「話してくれて、ありがとう」と返してくれました（そのときから、吉田さんと廣子おばちゃんとのほんとうの関係がはじまったのだろうと思います）。そのころ、廣子おばちゃんは、癌が再発していました。

吉田さんは廣子おばちゃんに、今、自分たちが住んでいる六角橋（横浜市神奈川区）の家に来てほしいと思い、病院と交渉して、一泊二日の外泊が実現しました。

外泊のとき、吉田さんが、なにが食べたい、と聞くと、「ラーメンと玉子どんぶり」と言って、それをおいしそうに食べてくれました。そのあと、吉田さんがいつも行っている散髪屋さんにはいり、廣子おばちゃんは散髪をしてもらいました。車椅子に乗って、桜の花見もしました。その外泊に、お姉さんもお兄さんも気をつかってくれました。

医者からはあと三か月のいのちと言われ、吉田さんは考えたすえ、末期癌の告知を廣子おばちゃんにしました。嘘のないほんとうの関係、最期の大切ないい時間をもちたかったからでした。吉田さんがそれを告げたとき、廣子おばちゃんは「ありがとう」と言い、「最期のときは、お礼が言いたいから、浩ちゃんに、そばにいてほしい」と言ってくれました。この間のやりとりをとおして、吉田さんは、存在を否定していた廣子おばちゃんのちからを実感するようになっていきました。

お姉さん夫婦やお兄さんも、病院へ面会に行ってくれるようになっていました。廣子おばちゃんの病状は悪化し、なにも食べられなくなり、食べればもどし、血を吐きつづけ、寝返りもできず、意識も朦朧《もうろう》とした状態になっていきました。

五月二十四日の夜、お姉さん、お兄さんと交替でベッドの横に座り、廣子おばちゃんのようすを見、心電図の音を聴いていました。そのころ廣子おばちゃんは、声もでなくなっていました。

吉田さんが、寿町の識字のなかで書いてくれた文章を抜き書きします。

おばちゃんは、夜、相かわらず何度も何度も吐いた。床ずれの痛みを少しでも和らげようと体の下に枕を入れて体を傾けている。傾けられた顔の下側半分がむくんでしまって、元気だった頃のおばちゃんの顔ではなくなっていた。目をそむけたくなるほど苦しそうだったけれど、おばちゃんの最期のたたかいを見るんだと自分に言いきかせた。夜の静かな病院に、相かわらず心電図の音と、おばちゃんの苦しい息づかいだけがつづいていた。おばちゃんは、峠といわれていた夜をのりこえた。朝がきた。五月二十四日。朝、病院に人がふえ、明るい光と声があふれはじめると、おばちゃんは、さらに苦しそうになった。ぼくはもう一度、おばちゃんに声をかけた。「おばちゃん、朝だよ、よく頑張った。もう少しだよ」と言ったら、おばちゃんはかすかに目をひらいた。よく聴きとれない声で何かしゃべっている。ぼくは彼女の口を見た。廣子おばちゃんの口の動きは「あ・り・が・と・う」だった。何度も何度も「ありがとう」と言っている。ぼくには、彼女のことばが聴こえた。ぼくも、おばちゃんに「ありがとう。もう休んでいいんだよ」と言ったら、おばちゃんは、すうっと静かに目をとじた。

ぼくのことばは、廣子おばちゃんにとどいた。

それから、しばらくして兄ちゃんが来て、姉ちゃん夫婦が来た。ぼくはまた、車の中ですこし眠った。ぼくが病室にもどると、姉ちゃん夫婦は一度家に帰ることになって、兄ちゃんが車の中で眠ることになった。また病室は、おばちゃんとぼくの二人と心電図の音だけになった。おばちゃんは眠っているようで、苦しそうな息づかいはなかった。

それからしばらくして、おばちゃんは空気をあまり吸いこまなくなった。「おばちゃん、息を吸うんだよ」と声をかけながらも「ああ、おばちゃんはもういくんだな」と思った。心電図にうつしだされた心拍数が減っていった。心電図が乱れはじめた。ぼくは、静かに看護婦さんを呼んで、廣子おばちゃんの額を左手でなでて、右手で彼女の手を握って、もう一度「ありがとう」と伝えて、そのときを待った。看護婦さんは、もう来ていた。廣子おばちゃんは、一瞬、歯をくいしばるようにすると、心電図の線はまっすぐになった。廣子おばちゃんの呼吸もとまった。五月二十四日の午後八時十分、ぼくのお母さんの妹で、ぼくのおばちゃんの黒石廣子は亡くなりました。

五月二十六日。おばちゃんの告別式だったけれど、ぼくは出ることができなかった。五月二十六日から六月七日まで教育実習をすることになっていたからだ。ぼくは、告別式に出れないことで悔いはなかった。子どもたちが待っていてくれることを、おばちゃんはわかってくれると思った。実習は、おばちゃんのことを考えることのできないくらいだった。でも、最終日、子どもたちに送る会を開いてもらっているとき、今までたまっていたなみだが、いっぺんに出てきたかと思うほど、なみだがでた。

みんなのなみだが、やさしく感じられた。

今、識字学校で、おばちゃんの最期を思い出す。おばちゃんが、医者が「もう話すことはできないだろう」「精神状態が悪くなってきている」というなかで、最期に「ありがとう」と言ってくれたことを、ぼくのことばが伝わったことを、ぼくは、その気持ちを何と表現していいのかわからない。自分の病気を知ったときに、ぼくにいったことを、しっかりやって天国へいった。

これからも、おばちゃんのことは考えつづけたいが、今、確かにいえることは、精神分裂症であるがゆえに、みんなから虐げられてきた廣子おばちゃんがぼくを救ってくれたことと、寿識字学校のみなさんの支えがなければ、ぼくは、おばちゃんと出会えなかったことだ。みなさん、ありがとうございました。

詳細は十分に書きつくせませんが、以上のことを、吉田さんは淡々とていねいに、四十分ほどかけて話してくれました。廣子おばちゃんとのほんとうの出会いは一年間ほどの短い期間でしたが、その中身は、濃密なものだったのではないかと思います。

吉田さんは、最後に、人との向きあいかたの大切なものをもらった、と言っていましたが、それは、廣子おばちゃんにとっても同じだったのではないかと思います。ほんとうは、もっと早く気づき、当たりまえに、予断や偏見のないところで向きあうことができていたならばと思いますが、これは、吉田さんが廣子おばちゃんから教えてもらったこととして、これからのほかの人との向きあいかたの土台になっていくのだろうと思います。吉田さんは、まだまだ廣子おばちゃんのこころの傷を癒すことはできなかった、と報告のまとめをしていましたが、廣子おばちゃんにとって、からだは苦しかったと思いますが、しあわせな最期の一年間だったと思います。

吉田さんが、寿の識字のなかで、毎週、廣子おばちゃんのことを書きつづけてくれたことによって、識字に出席していたまわりの人たちもまた、それぞれに自分のこととして多くのことを学ぶことができたのではないかと思います。それは、今回の報告でも同じことが言えるのではないかと思います。

（「多文化共生共育フォーラム」の記録をもとに）

吉田さんから廣子おばちゃんの話を聞いたとき、ぼくは、とにかく会いにいくことと、今まで隠していたことをぜんぶ話してみたらということを言った。そうしたら、きっと、おばちゃんとのほんとうの新しい関係ができるのではないかということも。たくさんの躊躇《ちゅうちょ》があったと思うが、吉田さんは、それを誠実にやりとげていった。

ぼくが危惧したのは、なにもせず、廣子おばちゃんにたいする予断や偏見をもったまま教師になったとしたら、やはり、子どもたちや保護者たちをまっすぐに澄んだ眼で見ることができないのではないかということだった。あるひとつの、ほんのすこしのズレが、全体の大きなズレになっていってしまうからだ。

今、吉田さんは、子どもたちや保護者たちといい出会いをしながら、学校で苦闘・奮闘しているが、廣子おばちゃんは吉田さんの、教師としてではなく、人間としてのスタートをしめしてくれたのではないかと思っている。

母に愛されるためには勉強しかない、と

ずっと以前（といっても、一九九二年ごろ）、川本友紀さんがまだ大学生で、寿町へ年末年始の越冬の炊きだしなどのボランティアに来ていたころ、彼女はいちど、識字に顔をみせてくれていて、顔は覚えていたが名前までは記憶になかった。当然、彼女について、なにをしているのかも、くわしいことはなにも知らなかった。数年後、その彼女が突然、識字の部屋にあらわれた。疲れたような元気のない顔に、ぼくには見えた。識字の席に座り、つぎの書きだしにはじまる長い文章を書いた。彼女は、二十七歳だった。

昨年の十二月三十一日付けで、二年九か月つとめた新聞社を辞めた。大学時代から憧れつづけた新聞記者という職業。百倍の競争率を勝ちぬいて内定をとった時には天にも昇るような気持ちだった。でも、約三年の間にすっかり疲れてしまった。三か月半休職し、その後、退職を決めた。

職場のようす、辞めるときの先輩や上司のことば、そのときの自分の気持ち、現在の生活のことなどが書かれていた。そして、最後はつぎのように結んであった。

多分、今までの人生の中で自分を愛すること、大事にすることをちゃんと学んでこなかった。どうしたら自分を肯定して大事に生きてゆけるんだろう。どうしたら、自分で選んだ人生の責任がとれるんだろう。答を自分の中でみつけてゆきたい。

ここから、ぼくたちと川本さんとの識字がはじまっていった。〝ぼくたち〟というのは、当時、在日一世のオモニ、成 且善さんが、毎週ゆったりと座って独特の自分の文章を書き、みんなを笑わせていたし、青森県出身の花岡柾善さんは「はい、みなさん今晩は。ハナオカマサヨシです」と言って、高齢の老人と同居してその世話をしていることをユーモアたっぷりに話してくれていたし、韓国からの新渡日の尹《ゆん》 玉子《おくじゃ》さんや姜《かん》 聖愛《そね》さんが日本語習得に必死になっていたし、ペルーからきたベセラ・マヌエルさんをはじめ何人かの南米からの労働者や学生などが参加していたし、さきほど書いた吉田浩司さんが、おばちゃんとのあいだにあった一週間のことを書きつづけていた、それらの人たちのことだ。

ぼくはそのとき、もし川本さんがつづけて出席してくれるならば、これらの人たちが、なんらかのかたちで川本さんのちからになってくれると思った。つめたい言いかたになってしまうが、ぼくは、川本さんには泣くちからが残っているから大丈夫だ、と思った。そして、ぼくにそれを受けとめるちからはないかもしれないが、この識字の場でよいことも悪いことも恥ずかしいこともぜんぶ吐きだしてくれたらいいと思った。ぼくが受けとめきれないときは、同席するこれらの人たちが、きっと、それぞれのちからで返してくれるだろうと思った。

母は私に「お父さんと離婚しないのは、お母さんに経済力がないから。お前はお母さんのようにならないように、なるべくいい大学に行っていい仕事につきなさい」と言った。母に愛されるためには勉強しかない、自分がエリートになれば家はすべてうまくいくと思っていたのだろう。私は東大から全国紙の新聞記者という母の期待どおりの人生を歩んでいた。その間、二十二歳から二十六歳までの四年間に私のまわりでは四人の友人が自殺した。多分、私もとても死に近いところにいたのだと思う。「NO1にならなければ全部ダメ」というオールオアナッシングの思考方法、完全主義、見捨てられないためには何でもするという自尊心の低さ……。子どもの頃は生きるのに役立ったこれらの性質は、成長するにつれて「生きがたさ」へとかわっていった。周囲は私を「才媛」と呼んだけれど、私は「他人に比べて自分はどこかおかしい」という孤立感に悩まされた。オールオアナッシング、完全主義の生き方を守ろうとすればするほどほころびが出てきて、ほころびをつくろおうとすればするほど矛盾が深まった。周囲の人もたくさん傷つけたと思う。でも私の中に植えこまれたこれらの性質はかわらなかった。とうとうどうにもならなくなってしまった時、死のうと思った。車を猛スピードではしらせたが急ブレーキをふんで、寿町で知りあったMさんに電話をした。「助けて下さい」。Mさんは猛烈に忙しい最中だったが「今すぐ来なさい。待っているから……」と言ってくれた。

両親ゆずりでプライドの高かった私は、自分が寿町に結びついた本当の理由を見ようとはしなかった。

学生時代、「熱心な支援」としてがんばっていた頃は「ここは社会の矛盾のあらわれた場所だ」と叫んで、「寿の人を救う」ことに熱心だった。でも本当は、私は自殺しないために無意識に寿町を準備していたのではないかと思う。

私は二十六歳までの年月、ずっと「生きのびるための生活」をしてきた、それ以上の何かがあることを二十七歳の今やっと学びつつある。その間に何度も失敗した。まわりがみえなかったり立ちどまってしまうこともある。これからもいっぱい失敗するだろう。私は子どもの頃、失敗することがゆるされなかった。ようやくわかったことは私には失敗する権利があるということだ。

役割や評価ぬきの〝自分といっしょにいてやれる力〟

川本さんの書いた文章の解説はしない。川本さんが、自分の書いた文章を識字の最後に声をつまらせながら読んでいるとき、みんなは静かに真剣に聴いていてくれていた。花岡さんは、横から「泣かないで」と声をかけてくれていた。且善さんも、そのときどき、声をかけてくれていた。

川本さんは、信頼する先生のカウンセリングをうけながら、識字に通いつづけてくれた。

私は、毎週金曜日にここにくるのが楽しい。別に、来なくてはいけないわけでもないのに自然と足がむいてしまう。扉を開けて常連の人たちがいるとホッとする。

以前の私ならやっぱりこういう所に来ても、あんまり楽しめなかったんじゃないか。ここに来ても別にチヤホヤされるわけでもなく、何か目に見える形としての「成果」もあるわけでもない。自分に確固たる役割があるわけでもない。評価されるわけでもないから、評価を求めてがんばるというわけでもない。はりあいがなくて、すぐに行かなくなってしまったんじゃないかと思う。

自分が月のような存在だなーと思うことがよくある。何かの役割を担ってる時、どこかの集団で必要とされる時、ほめられている時、他の人よりも優れていると感じる時、そういう時だけ自分が輝くような気がする。そういうものがなくて自分一人になると、風船がプシューッと破裂するように、自分という存在がなくなってしまうように感じるのだ。それはまるで太陽にてらされなければ光らない月のようなものだ。その場にそのままいることはできなかった。

寿町で、組合活動の炊きだしや野宿している人たちにたいする夜間パトロールなど、なにごとにたいしても笑顔をたやさず静かにやりつづけていた鈴木正見さん（通称〝班長〟）が倒れたとき、病院に見舞いに行ったときのことを、川本さんは識字で書いた（鈴木さんが元気だったとき、川本さんは、寿町で活動している人たちのミニコミ誌に鈴木さんをインタビューした記事を載せていた）。

「寿町の魅力は班長みたいな人だ」と誰かが言っていた。その意味はつきあいが長くなるにつれてわかってきた。ミニコミのインタビューで彼のこれまでの人生を取材した。弟妹をおぶって田畑で働く両親におにぎりをとどけにいったという少年時代、材木屋で働いていたときトラックをひっくりかえしたという思い出、漁船でおにぎりをくばったり、炭坑でストをしたりしたあと、フラッと寿に来て、炊き出しを手伝い、そのまま組合活動やパトロールなどをつづけてきた。「あってんだかなんだか知らないけどいついちゃった」と淡々と語った。

班長の人生には苦しいこともきっとあっただろうけど、班長は決して犠牲者でも被害者でもなかったし、ステレオタイプの悲惨な人生を送ってきたわけでもなかった。むしろ「稲刈り大好き。カマのサクッサクッという音がいいんだよな」「来年はトマトの肥料をかえてみるとか、いろいろ実験してみるのが好きなんだよな。それが農業のおもしろいところ」「メシ炊きっておもしろかった」「炊き出しははりあいがあったな。毎日メニューを決めるんだよ。炊き出しがなかったら、オレは寿にはいなかったかもな」「やるんならとことんやる。途中でやめない」など、会話のはしばしに「好き」「おもしろい」ということばがでてくる。楽しんで生きているということが伝わってくる。だからこの人は、目だとうとしたり、人にからんだりしないんだなぁ、とわかった。そして班長が「寿の魅力」のひとつということには強く共感した。私は寿町に自分の幻想をかさねていて、町やそこに住む人の本当の良さをわかっていなかった。私の取材した文章は越冬に来た人たちに配られた。こういう人も越冬をやっているんだということがわかってもらえたら、と思った。

病院で鼻にチューブをいっぱいつけた班長の手を握りながら、彼の昔の話をきけた幸運に感謝した。稲子農場でもくもくとみそ造りにとりくんでいたこと、横浜のパトロールで毛布をかかえて一緒に歩いたことを思い出した。たくさんの人がベッドのまわりをかこんでいた。今まで、いい人生を送ってきたんだなぁと思った。

ぼくは、川本さんが、この文章を書き、読んでくれたとき、鈴木さんが話してくれた世界こそ、川本さん自身がいちばん望み、安心できる世界ではないかと思った。寿町の人たちだけではなく、さまざまな人たちと出会いながら、川本さんは、自分のもっている深いちからを発見し確認していったのではないか。深いちからとは、ごく自然に共感することのできるちから、感動することのできるちからのことではないかと思う。

また、べつの日に川本さんは書いた。

私は自分の内側に自分を支えるものが全くありませんでした。今はそれが少しだけできた——それがこの二年の間に得たものでした。自分の中に自分に自信を持たせたり、慰めたりする力が全くありませんでした。他の人にはそういうものがあるということが不思議でした。休職してから一日も一人でいられなくて、友人の所を渡り歩いていた何か月かを思い出します。

最近まで、ずっと自分を支えてくれる外の何かを求めて歩きまわっていました。でも最近、挫折をのりこえていくのに本当に必要なものは、自分と一緒にいてやれる力なんだな、と思います。正直言って、今でもそんなに未来への希望があるわけではないけれど、先日、桜木町の港から、きれいな夜景を見ていたら、もしかしたらこれから一人で幸せになっていけるかもしれないとふと思いました。やっと一人になることが少しずつできるようになったことが、とてもうれしいです。

このころ川本さんは、大学の医学部に行って精神科の医者になることをきめ、受験勉強をはじめた。家をでて、アパートで一人暮らしをしながら受験勉強をしていった。

年が明けて三月、医学部合格の連絡をくれた。四月になって、その報告かたがた識字に寄ってくれ、「最後になりましたが、なんとか医大に合格できました。大沢さんや識字教室のみなさんの存在があったおかげで、初めて人やモノへのしがみつきをやめて、自分のためにがんばることができました。これからも不安の多い日はつづくと思いますが、すこしずつ自分を信じることができるようになってきています。みなさん、ありがとうございました」と、長い文章の最後をしめくくってくれた。

識字は、生きているかぎりつづくもの

ぼくは、川本さんに、挫《くじ》けずによく識字に通ってくれたという意味もこめて、識字学校だより『ちからにする』に簡単なコメントを書いた。

川本さん、おめでとうございます。書きたくないこと、書けばつらいことを、長い間、誠実に書きつづけてもらえたことに感謝します。寿の識字を、そのように大切な場としてうけとめてもらえていたことにたいする感謝です。今までの自分を否定しながら、自分のちからで自分を再生していく作業、まだまだこれから長くつづくと思います。あわてることなく、あせることなく、むりすることなく、ゆっくり自分をみつめ、きたえあげていってください。川本さんが書きつづけてくれることによって、ぼくたちも、たくさんのことをわがこととして学ぶことができました。川本さんの自分にたちむかう誠実さと、少しずつやわらかくなっていく顔が、ぼくにとっての大きな励みでした。自他を責め傷つけることなく認識し、そのまま生きてほしいと思っています。今まで生きてきた二十八年間をプラスにしていけるような精神科医をめざしてください。

信州の美しい景色のなか、たくさんの人に出会い、自然の香りもいっぱい吸ってください。ありがとうございました。お元気で。また識字にも寄ってください。

川本さんの作業は、自己点検、自己検証から自己確認、自己回復に向かう識字の作業そのものだったように思う。この作業は、まわりからのいくらかの援《たす》けはあったとしても、逃げることなく、自分の問題に正面から向きあい、とことん取り組んでいかないことには、その稔《みの》りはない。それを完璧に成し遂げることは人間であるかぎり不可能なことであるが、ある部分を手抜きしてしまうと、いつかその手抜きした部分にかかわる問題が起こったとき、そこからほころびがはじまっていってしまう。そうはいっても、いちどにその作業を完成させることはできない。人間、生きているかぎり、何度も、何度もその作業をくりかえしていく姿勢が大切なことだろうと思っている。識字は、生きているかぎり、つづいていく。

川本さんはたぶん今ごろは医師の国家試験で超多忙だろうなと思っていたら、ニューカレドニア・エスカペード島で二人だけの結婚式を挙げたという写真はがきが届いた。パートナーとなった彼を、今年の三月だったか、川本さんは識字に連れてきて紹介してくれた。どんな精神科の医者になっていくのか楽しみにしている。

三人ほどの人たちのことしか書くことができなかったが、まだまだ多くの大学生や社会人の人たちが識字に出席してきた。個々それぞれに大切な自分の課題をもち、あるいは、こころに深い傷を負ったまま、それを解きほぐしたり癒したりすることができず、身をかたくしている若い人たちがいる。解きほぐしたり癒したりするきっかけを、識字のなかでつかんでいってくれればと思っている。それらの状況がきびしければきびしいほど、それらを反転させたときのエネルギーは、人間として無限にゆたかなものとなっていくことを確信している。

あとがき――精神の荒れ野から

横浜の寿町というドヤ街にたどりつくのにずいぶん時間がかかった。意志してたどりついたわけではなかった。寿町に住んでいる人たちがたまたま寿町に住むようになったのと同じように、ぼくも、偶然、寿町で十分な学校教育をうけることのできなかった人たちと人間の学びをはじめただけだった。三十四歳のときだった。しかし、そこで起こる一つひとつのできごとは、ぼくには衝撃的だった。それまでは視ることも感じることもできなかった人間の生きる大切な世界が、つぎつぎと展開していった。ああ、ここに、ぼくの出会いたかったほんとうの人たちがいるんだと思った。

それらの人たちのことばは、あるときは、朴訥《ぼくとつ》にあたたかくぼくをつつみ、またあるときは、するどくぼくの肺腑《はいふ》をえぐった。足もとをすくわれたことは何度もあった。それは、人間がからだ全身でなにかを学ぼうとしたときの切迫感や迫真感であったのかもしれない。

それらの人たちのことばは、それぞれに精一杯、自分の生きてきた生活や体験のなかからつかみとってきたことばだった。だれにもゆずれない、一人ひとりその人だけが日々、何十年とあためてきたことばだった。

それらの人たちのことばは、ぼくを救ってくれた。精神の荒れ野をさまよいつづけていたぼくを救ってくれた。その揺れをとめてくれた。人間の生きる義《ただ》しいことばだった。それまでもつことのできなかった他人《ひと》にたいする信頼や尊敬を、素直にもつことができるようになった。ぼくの識字学習は、それでもう十分だと今も思いつづけている。

世の中に不必要な人間などひとりもいないのに、自分をそう思いつづけて生きてきたぼくを、必要な人間にしてもらったことも、ありがたいことだった。

多くの人たちにお世話になり、迷惑をかけつづけてきたぼくにとって、それらの人たちにたいするお礼と、ほんのすこしのお返しができればと思って、拙著をまとめました。識字作品（文章）もそのまま、また、できるかぎりすべて実名をつかわせていただきました。識字は、まず自分の名前からというのが鉄則ですから、大切に書かせてもらいました。深い感謝です。そのときどき出会ってきた人たちのちからに励まされて、ぼくの文章もできあがっていきました。人間の生きる事実のささやかな証言になればと思っています。

楠原彰さんには、お忙しいなか、最初の雑多な原稿読みの段階からお世話になり、誤りなどを指摘していただき、さらにあたたかい文章までいただき、深く感謝します。また、まだお会いしたことのない映画監督の崔 洋一さんにも稚拙な原稿に目をとおしていただき、ありがとうございました。

最後に、太郎次郎社の浅川満代表には加療中にもかかわらずきびしく原稿を読んでいただき、ありがとうございました。また編集に関しては、太郎次郎社エディタスの北山理子さんに細部にわたってその不備をただし、識字という困難な書を編んでいただいたこと、ほんとうにありがとうございました。多くの人たちとの共同作業、深い感謝あるのみです。

二〇〇三年九月一日

大沢敏郎

【初出一覧】＊――いずれも収録にさいし、加筆・修正、または大幅な改稿をおこなった。

1章　呼びもどす、ことば

心ふかく人間のこととして…………『ひとネットワーク』第6号（一九九九年・太郎次郎社）

一歩をきざむ人びと………書き下ろし

2章　突きやぶる、ことば

たすかったからよ………シリーズ「生きること学ぶこと」5――『生徒の心にとどく授業』（一九八五年・国土社）

識字のあゆむ道すじ………『部落解放』第二九九号（一九八九年・解放出版社）、元稿「識字の灯はもえつづけ」

3章　見つめかえす、ことば

オモニたちの「声」………書き下ろし

うるおいの一滴………『部落解放』第三四九号（一九九二年・解放出版社）、
――李明徳さんのこと　元稿「朝鮮人労働者とのうるおいの一滴を」、後半部分書き下ろし

4章　生きなおす、ことば

ことばの原風景………書き下ろし

はじまりの地に佇つために………『部落解放史・ふくおか』第一〇八号（二〇〇二年・福岡部落史研究会）、
――若い学び人へ　元稿「学ぶことの初心」

生きなおす、ことば

書くことのちから――横浜寿町から

二〇〇三年十月十日　初版発行
二〇一一年六月十日　三刷発行

大沢敏郎　おおさわ・としろう

一九四五年、岐阜県に生まれる。二〇〇八年没。一九八〇年より、日本の三大簡易宿泊所(ドヤ)街のひとつといわれている横浜・寿町で、十分な学校教育をうけることのできなかった人たちとの識字実践活動をおこなう。それは、文字の読み書きができるかできないかということにかかわらず、人間が生きることの深い学びとして、四半世紀以上にわたりつづけられた。「横浜・寿識字学校だより」合本集『ちからにする』は、第五十六集を数える。

著者……大沢敏郎
装幀……平野甲賀
発行……株式会社太郎次郎社エディタス
東京都文京区本郷四―三―四―三階　郵便番号一一三―〇〇三三
電話〇三―三八一五―〇六〇五　電子メール tarojiro@tarojiro.co.jp
出版案内サイト　www.tarojiro.co.jp/
印刷……モリモト印刷株式会社（本文印字と印刷）＋株式会社文化印刷（装幀）
製本……株式会社難波製本
定価……カバーに表示してあります。
ISBN978-4-8118-0711-9

希望の教育学

パウロ・フレイレ著　里見 実訳

今ある状態がすべてではない。物事を変える、変えることができる、という意志と希望を失ったそのときに、教育は、被教育者にたいする非人間化の、抑圧と馴化の手段になっていく。自分と世界との関係をつくり変える、その希望を追究する教育思想家フレイレ、晩年の主著。……●四六判上製・三二〇〇円＋税

パウロ・フレイレ「被抑圧者の教育学」を読む

里見 実著

フレイレの思想と方法は、ますますその重要性が明瞭になってきている。「現代の古典」ともいわれ、世界中で読み継がれている教育思想と実践の書『被抑圧者の教育学』。人間を「非人間化」していく被抑圧状況の下で、人間が人間になっていく可能性を追求したフレイレの主著を、十のテーマから読み解く。……●四六判上製・二八〇〇円＋税

「ホームレス」襲撃事件と子どもたち いじめの連鎖を断つために

北村年子著

「道頓堀事件」から十四年。子どもたちによる「ホームレス」襲撃はやまない。ときに命さえ奪う弱者へ向けられる嫌悪と排除の根源に迫り続けたルポ。川崎の教育現場での取り組みを第Ⅱ部に、この後の事件と新たな取り組みを第Ⅲ部に。前著に大幅加筆、二〇〇九年までの年表も収録した完全保存版。……●四六判並製・二二〇〇円＋税

発売●太郎次郎社エディタス